Lees ook bij Conserve

Boeken van NOS-presentatoren zoals Astrid Kersseboom en Philip Freriks.
En van NOS-correspondenten en -verslaggevers Margriet Brandsma, Gerri Eickhof, Ferry Mingelen, Bram Schilham en Peter ter Velde en vele anderen

Zie website www.conserve.nl

Babs Assink

De iconen van het NOS Achtuurjournaal

12 persoonlijke verhalen

Met foto's van Stefan Heijdendael

UITGEVERIJ CONSERVE

Uitgeverij Conserve en drukkerij Bariet vinden het belangrijk om op milieuvriendelijke en duurzame wijze met de natuurlijke bronnen om te gaan.

CIP-gegevens Koninklijke Bibliotheek, Den Haag

Assink, Babs

Babs Assink – *De iconen van het NOS Achtuurjournaal – 12 persoonlijke verhalen* met foto's van Stefan Heijdendael
Schoorl: Conserve
ISBN 978 90 5429 342 2
NUR: 321
Trefw.: Presentatoren *NOS Achtuurjournaal*

Inhoud

Voorwoord

door Babs Assink (1969)
verslaggever 1999-2007

Ik zie mezelf nog binnenstappen op de redactie van het *NOS Journaal* in Hilversum, ergens in januari 1999. Als verslaggever van de eigenzinnige Rotterdamse omroep *Radio Rijnmond* was ik gezwicht voor het verzoek van mijn voormalige hoofdredacteur Nico Haasbroek. Hij had een paar jaar geleden – tot groot verdriet van mij en mijn *Rijnmond*-collega's – de leukste omroep van Nederland verlaten om hoofdredacteur van het *NOS Journaal* te worden. 'Echt iets voor jou dat *Journaal*,' zei hij tijdens een lunch in Rotterdam. Ik luisterde aandachtig: tenslotte had de visionair Haasbroek het al vaker goed gezien met mij. Toch waren er meerdere gesprekken voor nodig om me te overtuigen. 'Televisie lijkt me zo'n gedoe,' riep ik alsmaar, totdat ik op een dag wakker werd en een baan bij het grootste nieuwsprogramma van Nederland me ineens een enorme uitdaging leek. 'Jij wilt scoren,' riep een goede vriend, 'en dat kan daar!'

En zo stapte ik eind januari 1999 alsnog over de drempel van een ontzagwekkend grote redactieruimte voor een sollicitatiegesprek. Wat een enorme nieuwsfabriek. De eerste die me opviel was presentator Harmen Siezen, grappend achter zijn bureau. De anchor met wie ik was opgegroeid. Maar wie van mijn leeftijd niet trouwens?

Ook ik moest vroeger thuis braaf mijn mond houden wanneer om acht uur de *Journaal*-gong klonk. Het *NOS Journaal* was een begrip, ik zat erbij en keek ernaar. Door de jaren heen werd ik en met mij miljoenen anderen van wereldnieuws voorzien door anchors van statuur als Joop van Zijl, Noortje van Oostveen, Pia Dijkstra en Philip Freriks. De een wat statiger of guitiger dan de ander; maar indruk maakten ze, zonder twijfel.

Over de drempel dus, stap 1 was gezet. Nauwelijks bekomen van de immense redactieruimte, mocht ik aanschuiven bij de dagelijkse redactievergadering. Het ging over de Woonwagenwet. Er moest een reportage komen, maar er werd met geen woord gerept over reacties van de woonwagenbewoners zelf. Onbestaanbaar voor mij. 'Ik kan er wel een paar bellen, als jullie willen?' Want natúúrlijk had ik hun nummers in mijn adresboekje: bij *Radio Rijnmond* deden we niet anders dan de mensen achter het verhaal aan het woord te laten. Daar was *Rijnmond* groot mee geworden. Het bleek een schot in de roos: ik was aangenomen.

Het heeft even geduurd voordat ik echt op mijn plek zat bij het *NOS Journaal*. Van eigenzinnig en 'tegen de stroom in' naar serieus en institutioneel was bepaald niet eenvoudig. Sterker: het was zwoegen, doorbijten, kritiek incasseren en weer opkrabbelen. Maar het boeide me, elke dag weer. En ik leerde snel. Bij zeer groot nieuws was het *Journaal* een rollercoaster met enorme impact, dat was zeker. Het *Achtuurjournaal* was avond aan avond het best bekeken programma. Fantastisch, maar ook lastig. De lat lag hoog, de druk was groot. Een reportage in het *Achtuurjournaal* moest gevoelsmatig aan nóg meer eisen voldoen dan die voor andere journaals.

Ik hield aan dat *Achtuurjournaal* wel iets heel bijzonders over: mijn echtgenoot en soulmate Robert Schinkel.

Als zeer ervaren redacteur werd hij door de kritische eindredactrice – 'Mijn hemel, wat was ik bang voor dat mens' – regelmatig mijn montageset in gestuurd met de woorden: 'Ga jij dat meisje eens helpen, dat snapt er nog niet zoveel van.' Ik vond dat natuurlijk helemaal niet erg: het werd steeds leuker bij het *Journaal*.

Als anchor woman Pia Dijkstra tijdens mijn eerste *Journaal*-jaren gewichtig mijn teksten uitsprak, gaf me dat een groots gevoel. Door hard werken stond ik in de loop der jaren uiteindelijk steeds vaker voor de camera om live verslag te doen van grote nieuwsgebeurtenissen. De moorden op politicus Pim Fortuyn en columnist Theo van Gogh, familiedrama's, moord en doodslag, de rechtszaak tegen topcrimineel Willem Holleeder, calamiteiten, ik was erbij. Mijn contacten met de anchors van het *Achtuurjournaal* liepen voornamelijk via de televisie. Ik buiten in de vrieskou, zij binnen in de Hilversumse studio.

En dan kon het maar zo gebeuren dat met het verstrijken der jaren er op de presentatiestoel van het *Achtuurjournaal* ineens wéér een nieuwe anchor zat. Pia Dijkstra werd opgevolgd door Henny Stoel. Henny Stoel opgevolgd door Sacha de Boer. En Philip Freriks natuurlijk. Met hem wist je het nooit: de kans bestond altijd dat er in een livegesprek nog een onverwachte vraag achteraankwam. Ik vergeet nooit de avond dat ik na een afschuwelijk familiedrama in Haarlem collega-verslaggever Marieke de Vries moest ondersteunen bij een net gebeurd treinongeluk in Amsterdam. Een paar minuten voor acht keek ze me ongelukkig aan en zei: 'Ik voel me niet goed, kun jij het kruisgesprek met Philip overnemen?' In een minuut praatte ze me bij. Voor ik het wist voerde ik een livegesprek met Freriks in het *Achtuurjournaal*. Dit wordt de dood of de gladiolen, schoot het door mijn hoofd. Maar we redden ons eruit; de kijker merkte er niets van. Hij belde me na afloop en zei lachend: ‘Zo, dat heb je goed gedaan, dame. Hoe is het inmiddels met Marieke?’

Die professionele gesprekken met de anchors, met adrenaline tot stand gekomen, dat waren míjn memorabele momenten met anchors van het *Achtuurjournaal*. Twee mensen onder druk: de presentator vanuit de studio, met de verslaggever op locatie. Veel tijd voor persoonlijke gesprekken was er niet. Het *NOS Journaal* is een 24 uursmachinerie, een tanker die altijd doorvaart. Met aan het roer de doorgewinterde presentatoren die de kijkers dag in dag uit informeren.

Des te leuker vond ik het toen me gevraagd werd om het boek *De iconen van het NOS Achtuurjournaal* te schrijven. Het moest een persoonlijk document worden, een blik achter de schermen, door de ogen van de anchors die in de afgelopen decennia het *Achtuurjournaal* hebben gepresenteerd. Het leek me een mooie kans om nu eens met ze te praten zonder een blik op de klok, omdat de uitzending alweer begint. En mooi was het, de ontroering van Harmen Siezen over de geboorte van zijn kleinkind, de lach in de ogen van de 102-jarige Frits Thors toen ik hem een haring gaf en een fles Ketel 1. De geëngageerdheid van Pia Dijkstra die me tijdens mijn *Journaal*-tijd volledig was ontgaan, de ironie van Henny Stoel, de bezorgdheid van *Mister RVD* Eef Brouwers toen ik maar bleef doorvragen over prins Bernhard. De openheid van Sacha de Boer over haar moeder, de onnavolgbare energie en levenslust van Eugènie Herlaar, de eerste vrouwelijke nieuwslezer van het *Journaal*. De parachutesprong van Joop van Zijl, de stalker van Noortje van Oostveen en de meereizende pottertjes van Rien Huizing. De eerste kennismaking met Rob Trip, die op zijn 12e al om een *Volkskrant*-abonnement vroeg. En natuurlijk de onnavolgbare dwarsheid en humor van Philip Freriks. De enige van het stel die het wel belangrijk vond om prominent aanwezig te zijn in het *Journaal*.

Het is een persoonlijke reis van presentatoren door de bijna 60-jarige historie van het vlaggenschip van de NOS, het *Achtuurjournaal*. De meeste anchors gaven tijdens hun *Journaal*-tijd nauwelijks interviews. Sommigen hadden er zelfs een grondige hekel aan. 'Dat gaf alleen maar problemen, omdat elk woord van een *Journaal*-presentator nu eenmaal onder een vergrootglas wordt gelegd,' verduidelijkte een van hen de reden. Voor deze gelegenheid deden ze dat wel.

Dit boek gaat over de mensen achter die vertrouwde televisiegezichten, over wie we allemaal een mening hebben, maar van wie een mening niet gewenst is. Over hun angsten en onzekerheden, hoogte- en dieptepunten, de impact van het bekend-zijn, de kritiek die ze te verduren kregen en nog veel meer.

Twaalf verschillende verhalen van mensen met dezelfde functie, die allemaal hebben bijgedragen aan het ontstaan en vernieuwen van het – nog steeds – best bekeken nieuwsprogramma van Nederland, het *NOS Achtuurjournaal*.

Hoofdstuk 1

'Je mag soms best laten zien dat iets je raakt'

Sacha de Boer (1967)

anchor 1996-heden

'Hier baal ik van! Deze blauwe jurk moet ik niet meer aandoen in het nieuwe decor. Kijk, hij trekt aan alle kanten.' Sacha de Boer kijkt in haar sfeervolle Amsterdamse woning het *Achtuurjournaal* terug dat ze twee uur daarvoor in Hilversum heeft gepresenteerd. Ze doet haar iPad resoluut uit. 'Weer wat geleerd!' Ze lacht: 'Niets bijzonders hoor, het is altijd weer even zoeken wat het beste werkt.' De hartelijke, goedlachse De Boer voert al jaren twee lijstjes aan: die van *beste presentator van het NOS Achtuurjournaal* met de *duidelijkste en prettigste stem*. En die van *de mooiste vrouwelijke nieuwslezer van Nederland*. 'Het is natuurlijk bijzonder als kijkers je werk waarderen. En ach, als ik op mijn 45e nog steeds die andere lijst aanvoer, beschouw ik dat toch als een compliment.'

Sinds eind mei 2012 presenteert Sacha de Boer afwisselend met Rob Trip een vernieuwd *Achtuurjournaal* met een veelbesproken, eigentijdser decor. De 'gong' waarmee het *Journaal* vroeger echt begon, kwam terug en voor het eerst wordt door de anchors het wereldnieuws niet langer zittend achter een desk, maar staand gepresenteerd. 'Ik vind het nieuwe decor heel mooi. Het is veel flexibeler.

Het was in het begin natuurlijk wel even wennen dat je nu in een grotere ruimte staat, met een pak kaartjes in de hand. Die teksten op papier heb ik nog steeds nodig, ondanks dat we autocue hebben. Want je wilt wel weten waar je in het draaiboek bent, zodat je kunt anticiperen op wat daarna komt.'

De *Journaal*-kijker ziet de presentator tegenwoordig ten voeten uit. Daar moet je wel rekening mee houden, vindt De Boer: 'Voorheen dacht ik natuurlijk ook wel na over mijn outfit, maar nu is het nog belangrijker. Het mag vooral niet afleiden van waar het werkelijk om draait: het nieuws.' Dat geldt wat Sacha de Boer betreft, ook voor het lopend presenteren: 'Dat doen we alleen als het functioneel is. Als je iets laat zien op de grote schermen achter je, bijvoorbeeld. Of als je naar de camera – en dus naar de kijker toeloopt. In het begin kwam er kritiek dat er te veel werd bewogen, dat het beeld zo onrustig was. Staand presenteren vind ik prima, dat hebben we met ons *Achtuurjournaal*-werkgroepje democratisch besloten. Toen ik in 1995 *Veronica Nieuwslijn* presenteerde hebben we veel geëxperimenteerd met staan en lopen.' Om haar woorden kracht bij te zetten staat ze op en loopt door de woonkamer om het verschil te demonstreren. 'Kijk, als ik naar deze kast loop en dit boek aanwijs, ben ik iets aan het uitleggen. Dat is wel een beetje een *hooglerarendingetje,* maar dan werkt het. Maar onze taak is informatieoverdracht, niet aan een zaal vol mensen, maar aan de kijker. Alles wat afleidt van de boodschap, is een slechte zaak.'

Een bevlogen Sacha de Boer, op het puntje van haar stoel. In de woonkamer een mooie, grote tafel. Op de houten bank ligt een wit kleed van bont. 'Nepbont, hoor! Ik droeg 'm als stola tijdens mijn huwelijk in ons favoriete wintersportdorp in Frankrijk.' Ze trouwde daar met Rick Nieman, die andere bekende anchor, van concurrent *RTL Nieuws*. Aan de muur prijken drie foto's van Inuit. Die maakte ze zelf, tijdens een reis naar de Noordpool. Fotograferen is al sinds jaar en dag haar passie en ook daarin is ze succesvol.

Sacha de Boer groeide op in Weesp, als dochter van een huisarts. 'Mijn ouders lazen uiteenlopende kranten en tijdschriften, zoals *NRC Handelsblad*, *De Telegraaf* en *Vrij Nederland*. Nieuws en actualiteiten speelden zeker een rol thuis.' Het wakkerde de nieuwsgierigheid van de kleine Sacha aan. Op 8-jarige leeftijd maakte ze haar eerste foto's, voor een schoolwerkstuk. 'Ik had een fotocamera van mijn oma geleend en liep langs het mooie oude politiebureau van Weesp. Ik wilde weten of er ook boeven binnen zaten. Met een camera in de hand durfde ik ineens wél aan te bellen. Ik mocht rondkijken en foto's maken, mijn eerste *journalistieke reportage* was een feit.' Ze lacht: 'Grappig. Ik was heel verlegen, maar met een camera had ik veel meer bravoure.'

Haar carrière begon De Boer tijdens haar studie als geluidsvrouw voor *RTL Nieuws*. 'Ik sjouwde me rot aan statieven en geluidsapparatuur. Daar mocht ik ook voor het eerst iemand interviewen omdat er niet altijd een verslaggever mee was.' Het presentatorvak leerde ze bij de Amsterdamse stadszender AT5, vervolgens RTL5 en *Veronica Nieuwslijn*. Daar leerde ze ook Rick Nieman kennen. In 1996 werd ze binnengehaald bij de NOS als presentator van de avondjournaals en *Studio NOS*, indertijd een prestigieus programma op de late avond. Haar collega's waren oude rotten als Joop van Zijl, Mart Smeets en Tom Egbers. 'Ik voelde me toen wel *piepkuikentje De Boer*.' In 2003, 'op mijn verjaardag nog wel', werd tijdens een redactievergadering bekendgemaakt dat ze de nieuwe *Achtuurjournaal*-presentator werd. Er volgde een daverend applaus. Sacha de Boer was gelanceerd. 'Een belofte; jong, charmant en technisch voortreffelijk', zo werd ze omschreven in het boek *Het Journaal – 50 jaar achter de schermen van het nieuws*. 'Dat applaus van mijn collega's was heel leuk. Mensen waren blij dat ik, *één van ons*, de opvolgster werd van Henny Stoel.'

Inmiddels, negen jaar later, is ze een allround presentator, met ontelbare nieuwsvlieguren op de teller: 'Ik durf niet uit te rekenen hoeveel *Journaals* ik inmiddels heb gepresenteerd.' De fotograaf in haar heeft soms wel moeite met de belichting van de presentatoren. 'Beroepsdeformatie wellicht. Collega-fotografen zeggen vaak tegen me: "Zó zet je iemand toch niet neer. Met die onvoordelige schaduwen. Ik vind dat slechte belichting ook afleidt van waar het om gaat. Mensen zijn dan alleen maar bezig met "Wat zit d'r haar gek, wat zit die jurk raar of wat valt dat licht lelijk." Dat moet toch beter kunnen? In Frankrijk bijvoorbeeld zijn de anchors van het *Journaal* echt beeldschoon uitgelicht. De dikste mannen *bij wijze van spreke* zien er daar altijd zeer flatteus uit. Ik kreeg laatst na een uitzending een sms'je van een vriendin: "Hé, nieuw kleurtje in je haar?" Blijkbaar leek mijn haar toen rood, terwijl ik bruin haar heb. Dat kan niet. Mensen moeten niet door mijn uiterlijk worden afgeleid van het nieuws dat ik vertel.'

Er zijn genoeg mensen – lées mannen – die *speciaal voor Sacha de Boer* het *NOS Journaal* aanzetten. 'Ik vind het natuurlijk helemaal niet erg als ik een compliment krijg. Maar ik ben potverdorie 45 en op een gegeven moment hoop je toch dat het dáár niet meer om gaat, of iemand nog een lekker wijf is of niet.' Lacht: 'Ach, het is ook wel *charming*.'

Echt belangrijk vindt ze dat de kijkers het nieuws heel goed begrijpen wanneer zíj het leest: 'Ik breng het kennelijk zo over dat de kijker snapt wat wel en niet belangrijk is. Heel vaak gaat het in de tekst alleen maar over de gebeurtenis van die dag. Ik schrijf er dan ook in wat eraan voorafging. Want we maken het *Journaal* voor iedereen. Van jong tot oud, hoog- en laagopgeleid, goed of minder goed geïnformeerd. Dat maakt het soms ook zo ingewikkeld: je wilt de hoog opgeleiden niet afschepen met de spreekwoordelijke jip- en janneketaal en de lager opgeleiden niet met te ingewikkelde teksten. Die twee uitersten moet je naar elkaar toebrengen.'

Anchor van het *Achtuurjournaal*: het is een journalistieke positie waar menigeen van droomt. Soms, héél soms, verbaast de inmiddels geroutineerde De Boer zich erover dat ze het zover heeft geschopt. 'Vooral in het begin vroeg ik me echt nog wel eens af: hoe ben ik hier nu terechtgekomen? Mijn broer en ik keken vroeger met mijn ouders altijd naar het *NOS Achtuurjournaal*, met natte haartjes in onze pyjama's op de bank. Dat was heilig. "Gij zult niet bellen tijdens het *Achtuurjournaal*" was een stelregel bij ons thuis. Nu zit ik er zelf! Ik vind het jammer dat mijn moeder dit niet meer heeft meegemaakt. Ze zou ontzettend trots zijn geweest.'

Haar moeder stierf veertien jaar geleden in de nacht van 4 op 5 mei. De avond ervoor had ze nog samen met haar moeder naar televisie gekeken. 'Rick moest voor het eerst live de Dodenherdenking op de Waalsdorpervlakte voor *RTL Nieuws* doen. En dat wilde ik per se zien. Dus toen mijn moeder vroeg of ik kwam eten had ik als voorwaarde gesteld dat we dan wél naar *RTL Nieuws* moesten kijken. Mijn moeder vond dat prima, mijn vader ging brommend akkoord.'

Het zou de laatste keer zijn dat ze samen was met haar beide ouders. Want de volgende ochtend heel vroeg belde haar vader met slecht nieuws: 'Mijn moeder was overleden die nacht. In haar slaap, aan een hartstilstand.' Het is even stil. 'Dat was heel erg verdrietig.' Sindsdien zijn 4 en 5 mei voor Sacha de Boer beladen data. 'In de jaren erna heb ik die beide dagen steeds vrij gevraagd, want het lag voor mij nog té gevoelig. In april werd het vaak al lastig, want dan kwamen vlak vóór het *Achtuurjournaal* begon eerst de 4 en 5 mei-spotjes voorbij: "Op 4 mei herdenken wij onze doden. Op 5 mei vieren wij onze bevrijding." In het begin vroeg ik de geluidsman of hij het geluid uit kon zetten. Ik vond het te moeilijk, was bang voor mijn emoties. Nu gaat het een stuk beter, maar toch denk ik natuurlijk altijd even aan haar. Ze was mijn trouwste fan, die alles volgde wat ik deed.'

Indertijd werkte De Boer anderhalf jaar bij het *NOS Journaal* en had nog niet de goede band met collega's die ze nu wel heeft. 'Natuurlijk leefden ze wel met me mee.' Vooral aan de reactie van collega Marga van Praag bewaart ze een speciale herinnering: 'Ik kreeg een hele lieve, mooie brief van haar. Het gekke was dat mijn moeder en Marga elkaar een dag voor haar dood hadden ontmoet in de HEMA. Mijn moeder was op haar afgestapt en had een praatje aangeknoopt. Die twee hebben daar zeker een uur staan praten. Marga was daardoor ook echt in shock. Ze waren van dezelfde leeftijd: sinds mijn moeders dood hebben we een warme band.'

Haar grootste fan heeft dus niet meer meegemaakt hoe dochter Sacha in de *Journaal*-hiërarchie snel opklom naar beeldbepalende anchor van het *Achtuurjournaal*. Een veeleisende positie, waarin inhoudelijk veel van iemand wordt gevraagd. Er kan *anytime* iets belangrijks gebeuren en dan moet de presentator vrijwel direct live de zender op om de kijker zo goed mogelijk te informeren. De druk is hoog en de concurrentie van *RTL Nieuws* is altijd aanwe-

zig. Voor Sacha de Boer zijn er in zestien jaar veel historische gebeurtenissen voorbijgekomen die ze niet snel zal vergeten. Zoals de vuurwerkramp in Enschede, de arrestatie van de Bosnisch-Servische generaal Ratko Mladić, de tragische vliegramp in Tripoli, met veel Nederlandse doden. 'Er is zóveel gebeurd, bijna te veel om op te noemen.'

De moord op filmmaker Theo van Gogh, op 2 november 2004, maakte het meeste indruk op De Boer. 'Ik ging die dag het *Achtuurjournaal* presenteren en kreeg 's ochtends vroeg thuis een sms'je van een vriendin: "Theo van Gogh is neergestoken." Ik was in shock! Ik kende hem nog van AT5. Heb meteen het *Journaal* aangezet, we waren net in de lucht. Collega Aldith Hunkar presenteerde. Maar alles was nog zo onduidelijk. Er was geen beeld, er waren nog geen verslaggevers ter plekke; heel moeilijk om dan een uitzending te moeten presenteren. En toen kwam die mededeling dat Van Gogh dood was.' Ze schudt haar hoofd: 'Ik vond dat echt héél heftig. Ik ben in de auto gesprongen en naar Hilversum gereden. De hele dag door waren er natuurlijk journaals, ik heb me zo goed mogelijk voorbereid op de avond. Tijdens onze *Achtuur*-uitzending was die grote lawaaidemonstratie op de Dam in Amsterdam, met al die geëmotioneerde mensen. Toen heb ik wel met waterige oogjes gepresenteerd.' Of het iemand is opgevallen, maakt haar niet uit: 'Ik vind dat niet erg. Op andere dagen presenteer je het nieuws zo neutraal mogelijk. Maar bij zo'n moord, ongekend voor Nederland, mag je best laten zien dat het je raakt.'

Als populaire presentator van het *Achtuurjournaal* krijgt Sacha de Boer veel reacties van kijkers. Via social mediakanalen als Twitter, maar ook via de e-mail. 'Collega-presentator Astrid Kersseboom en ik kregen een tijd lang post van dezelfde man. Hij was ervan overtuigd dat wij hem geheime berichten stuurden via het tv-scherm. Gewoon suf natuurlijk! Er zijn ook mensen die denken dat je met de kleur van je kleding bepaalde boodschappen wilt overbrengen.'

Om die reden zal Sacha de Boer tijdens een verkiezingsavond nooit kleding dragen met een kleur die gelieerd is aan een politieke partij: 'Oud-collega Henny Stoel droeg ooit een rood jasje tijdens zo'n avond. Kijkers die toch al vinden dat het *NOS Journaal* "links" is, letten daar toch op.' Onlangs gebeurde het haar toch zelf, in de week nadat het kabinet-Rutte viel. 'Ik droeg tijdens de uitzending op maandag een paarse jurk, op dinsdag een groen jasje, op woensdag een blauw jasje. Het hilarische was – en écht toeval – dat politiek verslaggever Dominique van der Heyde in Den Haag op alle drie de dagen precies dezelfde kleuren droeg als ik. Vervolgens werd er door kijkers getwitterd dat we een verkapt stemadvies gaven. Dan denk ik: Nee, dit méén je niet, mensen.'

Het is nu eenmaal de realiteit, erkent ze, dat er met zoveel kijkers altijd flink gereageerd wordt op het *NOS Journaal*. Vooral als er iets misgaat. Daarom vindt ze het belangrijk dat het achter de schermen bij het *NOS Journaal* goed is geregeld. 'Meestal loopt een uitzending gewoon op rolletjes. Maar we maken per dag zo ontzettend veel uitzendingen, dan gaat er natuurlijk ook wel eens iets fout. Soms zelfs heel futiel. Zoals die keer dat ze een hele uitzending met een scheve ketting presenteerde. 'Er is dan niemand die dat even tegen me zegt.' Dan, verontwaardigd: 'Ik snap niét dat ze dat niet zien! Ze zullen me wel een zeurpiet vinden zo af en toe, maar dat moet dan maar. De televisiekijker ziet alleen nog die ketting. Astrid Kersseboom was de enige die een berichtje stuurde om me te waarschuwen. Dat zag ik later op de computer die op de nieuwsdesk staat. Dat is geweldig. Ik doe dat bij haar en andere presentatoren ook.'

Sindsdien controleert Sacha de Boer zelf 'de boel' vijf minuten voor de uitzending. 'Ik heb geen speciaal ritueel, maar dat zou er voor de collega's in de regieruimte wel zo uit kunnen zien. Ik check alles voor de uitzending: ik voel aan mijn oorbellen – ik heb ook wel eens met een knak in mijn oorbel gepresenteerd – en ketting of ze goed zitten, aai nog een keer over mijn haar zodat er geen rare plukken kunnen uitschieten en trek mijn jasje recht.'

Met een zweempje van jaloezie kijkt De Boer naar haar collega's van *RTL Nieuws*. 'Zij hebben een opnameleider, iemand die aangeeft wanneer een item is afgelopen en op welke camera jij weer in beeld bent. En hij zegt ook tegen je als je haar niet goed zit.'

De Boer, altijd de rust zelve, kan zich maar één keer herinneren dat ze echt kwaad is geworden. 'De lichttafel was op hol geslagen en de technicus kon dat tijdens de uitzending niet tegen me zeggen, omdat hij niet rechtstreeks met mij kan communiceren. Ik had al een paar keer gezegd – als er een reportage bezig was – "Jongens, het licht is wel heel erg fel, kan iemand daar iets aan doen?" Ik raakte steeds geïrriteerder. "Hallo regiekamer, ik kan de autocue niet eens lezen!" En niemand die tegen me zei wat er aan de hand was.' De Boer was *not amused* en stak dat voor één keertje niet onder stoelen of banken. Na het weerbericht sloot ze de uitzending heel ad rem af: 'Met het weer is niet zoveel mis, maar wel met de belichting van deze uitzending. Als u denkt: wat kijkt ze raar; ik had het liefst met een zonnebril op gepresenteerd. In de spotlights staan heeft voor mij een geheel nieuwe betekenis gekregen. Goedenavond!' Spijt heeft ze er niet van: 'Ik was woest. Mijn ogen deden echt pijn. Ik overdrijf niet, ik heb nog twee dagen een vlek bovenin mijn ogen gehad,

van dat licht dat in mijn netvlies was gebrand.' Het kwam haar op een pissige mail van de hoofdredacteur te staan. 'Hij vond het niet professioneel dat ik er in de uitzending iets over had gezegd.' Ze haalt haar schouders op. 'Het zij zo, het is daarna niet meer gebeurd. En ik heb het de volgende dag met de geluidsman bijgelegd met een grote pot snoep. Want hij kon er uiteindelijk ook niets aan doen dat het licht opeens op 200 procent stond.'

Sacha de Boer houdt van het *goede leven*. Ze serveert paling, romige Franse kaas en andere lekkere hapjes: 'Laatst stuurde een vriend een berichtje na het *Journaal:* "Afgevallen, De Boer? Je hebt zeker gewerkt aan je *sta-debuut* voor je eerste uitzending in het nieuwe decor." Proestend: 'Ik ben juist een echte bourgondiër, had vlak ervoor nog vreselijk lekker gegeten en gedronken op vakantie in Sicilië. Ik stuurde terug: "Dat bestaat niet, heb juist veel te veel gegeten."'

Het *NOS Journaal* bepaalt haar leven niet, zegt ze: 'Gek, hè? Zodra ik wegrijd bij het *Journaal*, ben ik het vergeten. De presentatieweken van Rick en mij lopen gelijk op. Ik ga na het *Achtuurjournaal* naar huis, hij moet vaak ook nog het late nieuws bij RTL presenteren. Dan wacht ik op hem en praten we zo tot een uur of twee 's nachts.'

De twee belangrijkste nieuwspresentatoren van Nederland, van de NOS en RTL samen in één huis. Op de vraag of dat wel eens lastig is, antwoordt De Boer: 'De duivel slaapt er niet tussen, hoor! Integendeel, we gaan er allebei heel professioneel mee om. Natuurlijk zijn er zaken over ons werk die we onderling bespreken, maar dat blijft gewoon binnen deze vier muren. Ik weet dingen over RTL die ik *never nooit niet* zou vertellen en andersom ook. We hebben wel een duidelijke afspraak: Op het werk zijn we elkaars concurrenten. Als we dan bellen, vragen we niet: "Waar openen jullie vanavond mee?" Dat kan niet! Maar er zijn vooral heel veel dingen die we véél belangrijker vinden dan ons werk. Het heeft wel een groot voordeel: we kunnen samen over het vak praten. Zo zijn we tijdens een vakantie in New York samen op werkbezoek geweest bij het Amerikaanse televisiestation CBS om te kijken hoe zij het doen.'

Het is maar één keer voorgekomen dat de scheiding tussen privé en werk in gevaar kwam. Dat was op de avond dat prins Bernhard overleed, op 1 december 2004. 'Ik had net het *Achtuurjournaal* gepresenteerd, toen we hoorden van de Rijksvoorlichtingsdienst dat de prins was overleden. We zouden een extra uitzending maken zodra premier Balkenende klaar was met zijn speech. Ik zat standby, want collega Gijs Wanders die moest presenteren, kwam later. En toen belde Rick, die al op weg naar huis was. Ik heb niet opgenomen. Ik wilde niet tegen hem liegen. Dat was de enige keer dat ik het écht lastig vond.'

Dat ze inmiddels allebei Bekende Nederlanders zijn, zegt De Boer weinig. 'Ik vind het niet echt prettig, maar het hoort er gewoon bij. Toch vergeten Rick en ik het wel vaak als we op pad zijn. Hij wordt trouwens sneller aangesproken dan ik. Misschien is het ook de RTL-kijker die dat wat eerder doet.' Zoals dat gebeurde toen het nieuwsstel met vakantie was in Amerika. 'We zaten op het terras van een heel leuk restaurant aan het water. Op een gegeven moment roept een man: "Hé Rickie..." Wel een rare gewaarwording, maar Rick reageerde heel aardig. Het stel bleek net getrouwd die dag, ze waren door het dolle heen. We hebben nog foto's met ze gemaakt.' Ze lacht: 'We zijn ook al eens uitgeroepen tot *Societykoppel van het Jaar*. Dat is zo ongeveer echt het laatste wat we zijn! We gaan nooit naar gala's, treden nooit samen op, geven nooit samen interviews.'

Hoelang ze nog blijft presenteren, weet Sacha de Boer niet. Wat ze wél weet: 'Ik heb een prachtig leven. Om de week presenteer ik een mooi nieuwsprogramma, daarnaast fotografeer ik veel, mijn grote passie. En ik ben samen met m'n grote liefde. Wat wil een mens nog meer? Zo en nu heb ik zin in een glas rosé.'

Hoofdstuk 2

'Juliana vroeg me eens: "Meneer Thors weet u nog een goede tandarts?"'

Frits Thors (1909)

anchor 1965-1972

'Dus u bent inmiddels 102 jaar, meneer Thors?' vraag ik na een paar minuten aan de telefoon. Opgewekt antwoordt hij: 'Bijna 103, mevrouw.' 'Maar meneer Thors, u bent de eerste 102-jarige die ik spreek in mijn leven. Ik zou het een hele eer vinden als ik met u persoonlijke herinneringen mag ophalen aan uw *Journaal*-tijd.' Het blijft even stil aan de andere kant van de lijn. Ik zet me schrap, houd rekening met een 'nee'. Dan klinkt er een lach en antwoordt de nog immer keurig pratende Frits Thors: 'U bent van harte welkom. Ik hoop dat mijn geheugen me niet al te veel in de steek laat.'

Met een Hollandse nieuwe en een beschaafd flesje jenever – 'Meneer Thors drinkt nog elke avond een borreltje,' had zijn vaste verzorgster mij ingefluisterd – bel ik op een zomerse middag aan bij Frits Thors, éminence grise van het *NOS Journaal*. Van 1965 tot 1972 was hij dé nieuwslezer van Nederland. Een echte heer, of zoals *de Volkskrant* ooit schreef een 'type voor een bolhoed'. Met zijn karakteristieke witte haar en zwarte, hoornen bril bracht hij het nieuws terug tot 'herkenbare, overzichtelijk invoelbare proporties', volgens een televisiecriticus in 1972.

Frits Thors ontvangt me in de prachtige tuin van zijn

Gooise villa. Zijn 'beroemde' haar heeft hij nog steeds. De zwarte bril is vervangen door een moderner montuur. Hij bedankt me voor de meegebrachte presentjes: 'Wat attent. Zitten er ook uitjes bij? En, hoe weet u eigenlijk dat ik van dit merk jenever houd?' Als ik vertel dat ik een boek schrijf over de iconen van het *Achtuurjournaal*, en hij daar zeker bij hoort, reageert hij bescheiden: 'Ik, een icoon? Toe maar zeg.' Zijn stem heeft nog steeds dat welluidende timbre dat elke Nederlander, geboren voor de jaren 70, uit duizenden zal herkennen – al heeft hij door de respectabele leeftijd iets aan kracht ingeboet. Want reken maar dat in de jaren 60 in alle huiskamers trouw naar elke *Journaal*-uitzending werd gekeken.

Het waren de pioniersjaren van de televisie, een fenomeen dat in 1951 in Nederland werd geïntroduceerd. In 1956 ging de eerste reguliere uitzending van het *NTS Journaal*, het latere *NOS Journaal*, de lucht in. Er werd maar drie keer per week uitgezonden: op dinsdag, donderdag en zaterdag. Toen Frits Thors begon, in 1965, ging het al wat professioneler dan in de begintijd. Al was er van echte actualiteit in de jaren 60 niet echt sprake. 'We brachten voornamelijk binnenlands nieuws. Dat was dan vaak al een dag oud. Nieuws uit het buitenland kwam meestal met een paar dagen vertraging binnen. Daarom werd daar minder aandacht aan besteed. Het weerbericht was ook in die tijd heel populair. De kijker zag dan alleen een arm die op een kartonnen kaart wolkjes of zonnige perioden tekende met viltstift.'

De toen al 53-jarige Thors deed in 1965 alles zelf. Nieuwslezen, reportages, interviews. 'Dat zou nu ondenkbaar zijn. Maar ik vond juist die combinatie zo belangrijk. Want als je alleen het nieuws leest, ontmoet je weinig mensen. En dat vond ik het leukst aan dit vak: de ontmoetingen met al die interessante mensen. Dat was geweldig.' Frits Thors glimlacht als hij vertelt over hoe hij het *Journaal* presenteerde. 'Onvergelijkbaar met nu natuurlijk. We moesten alles voorlezen van papier en soms keek je dan even omhoog. Dat ging meestal wel goed. Er viel in die eerste jaren nog niet zoveel te improviseren.'

Frits Thors werd geboren in Amsterdam. 'Op de Prinsengracht 690, dacht ik.' Hij groeide er samen met zijn oudere broer op. Vader was advocaat en waarnemend kantonrechter bij de rechtbank in Amsterdam, moeder huisvrouw. Het nieuws werd in huize Thors niet echt gevolgd. 'Mijn ouders waren niet zo geëngageerd.' Maar dat weerhield de kleine Frits er niet van om een grote liefde voor de radio op te vatten. Boven op zijn zolderkamer, inmiddels aan de Weteringschans, sleutelde hij wanneer hij maar even tijd had aan oude 'ontvangers'. Als hij zestien is, werpt al dat gesleutel z'n vruchten af: zijn eerste, eigen gebouwde radio is een feit. Hij had toen niet kunnen bedenken dat hij hiermee de basis legde voor zijn latere carrière en dat hij voor zijn geliefde radio dikwijls verslag zou doen van onvergetelijke, historische gebeurtenissen.

De enthousiaste radioamateur Frits Thors begint op zijn achttiende, in 1928, bij de AVRO. Hij wordt al snel omroeper, maar in 1940 neemt Thors wegens gewetensbezwaren ontslag. De radioman in hart en nieren blijkt ook te kunnen filmen. Met zijn camera draait hij tijdens de laatste jaren van de Tweede Wereldoorlog memorabele beelden: Dolle Dinsdag, de hongerwinter, de intocht van de Canadese en Britse militairen, arrestaties van NSB'ers... En de terugkeer van het koninklijk gezin in 1945. 'Ik stond naast prins Bernhard toen het vliegtuig, met aan boord prinses Juliana en dochtertjes Beatrix, Irene en Margriet, landde op vliegveld Teuge. Een historisch moment.'

Tijdens de naoorlogse jaren, Thors is dan verslaggever bij *Radio Herrijzend Nederland*, heeft hij veel contact met de koninklijke familie. 'Ik kwam geregeld op Paleis Soestdijk. Als ik arriveerde, gingen de hekken meteen open. Dan zeiden de paleiswachten: "Bent u er nu alweer, meneer Thors?", en mocht ik doorlopen.' Al was er volgens Thors geen sprake van een vriendschap. 'Nee, zó ver ging het niet, maar we hadden wel een goed contact. Koningin Juliana vroeg me op een keer: "Meneer Thors, weet u nog een goede tandarts?" Een beetje verbaasd antwoordde ik: "Nou, ik heb al jaren dezelfde tandarts in Hilversum, daar kunt u prima naartoe." Of ze het ook echt gedaan heeft, weet ik niet.' En hij herinnert zich nog goed dat hij vaak in de gymzaal van Soestdijk kwam, met de prinsesjes. Kleine Trix, en 'Pietie' zoals Margriet werd genoemd, zwaaiden dan aan de ringen. 'Irene heb ik nog wel eens aan de beentjes getrokken, dat vond ze prachtig. Dan riep de hofdame: "Prinsesje, doet u wel voorzichtig?" Ik noemde ze trouwens geen prinsesje, maar gewoon bij de voornaam.'

Hij schetst een tijd waarin hoogwaardigheidsbekleders – of ze nu koningin Juliana, prins Bernhard, veldmaarschalk Montgomery of generaal Eisenhower heetten – nog ongedwongen praatten met journalisten. Zonder de aanwezigheid van een batterij voorlichters die elk interview onderbreken omdat de vragen niet 'volgens het protocol zijn'. Kijkend naar een zwart-witfoto waarop hij, piepjong nog, de kleine prinses Margriet interviewt, mijmert hij: 'Het waren unieke tijden, dat heb ik me altijd goed gerealiseerd. En wie kan nu zeggen dat hij dit soort foto's in zijn persoonlijke archief heeft?'

In de laatste jaren van zijn *Journaal*-tijd zat Frits Thors uiteindelijk toch het meest in de studio. De tijd van het alles alleen doen, was voorgoed voorbij. Reportages en in-

terviews werden gemaakt door redacteuren en verslaggevers. En dat kon ook bijna niet anders, want het waren de roerige jaren 60, waarin de wereld op zijn kop stond. De Koude Oorlog, de Vietnamoorlog, demonstraties, bezetting van het Maagdenhuis door studenten, de dolle mina's, Thors hield Nederland op de hoogte. Hij was het die de verlovingen aankondigde van de prinsesjes die hij had zien opgroeien. En als altijd deed hij dat professioneel, óók van de rellen die ontstonden tijdens het huwelijk van Beatrix en Claus. Dat hoorde er gewoon bij: 'Een *Journaal* maken is een zenuwengedoe. Alles is live, er kan van alles misgaan. Je moet als nieuwslezer ook nooit je emoties tonen. Gewoon je werk doen en afstand nemen.' Nee, de ellende van het wereldnieuws bracht hem nooit uit zijn evenwicht, alhoewel: 'Bij een ernstig ongeval met veel doden moest ik soms wel even slikken. Ik ben ook maar een mens, nietwaar?'

Frits Thors zit inmiddels binnen aan een verlate lunch. De roze servet wordt netjes uit de servetring gehaald en hij begint aan een boterhammetje met kaas. Met mes en vork, zoals het een echte heer betaamt. Het gaat allemaal niet zo snel meer, maar 'daar heb ik me bij neergelegd.' We kijken samen geïnteresseerd naar de foto's en artikelen uit zijn 'archiefdoos', die zijn vaste verzorgster speciaal voor de gelegenheid van zolder heeft gehaald. Frits Thors in het zwart-witte decor van het *Journaal*. De wereldbol op de achtergrond, een papieren blad met daarop het woord Verkeersinformatie is met plakband vastgemaakt aan een staand bord. 'De verkeersinformatie, met Piet Grootendorst', klinkt het dan ineens op zakelijke toon. Die zin zit er bij Frits Thors nog steeds ingebakken, lijkt wel. De foto's brengen veel herinneringen naar boven. 'Mijn overleden vrouw was mijn meest kritische toe-

schouwer. Als ze vond dat ik het niet goed had gedaan, kreeg ik op mijn kop van haar. Dan vond ik de deur op slot als ik thuiskwam. Een terugkerend plagerijtje.'

Hij trekt een gezicht als ik een artikel uit het archief vis waarbij een grote portretfoto van hem is afgebeeld. 'Het ging altijd weer over mijn witte haar. Mijn kapsel was blijkbaar onderwerp van gesprek in veel Nederlandse huiskamers. Er werden zelfs weddenschappen over afgesloten: er waren mensen die dachten dat ik een pruik droeg. In het begin van mijn *Journaal*-tijd probeerden ze het nog te camoufleren door er bruine schmink in te smeren. Ik zag eruit als een zebra.' Thors glimlacht. 'Het maakte mij niet uit, ik was gewoon vroeg grijs.'

Frits Thors lacht als ik hem vertel over een groot jaren 70-feest van een paar jaar geleden. Elk uur werd er een *Journaal* gepresenteerd door een 'imitatie-Frits Thors'. Inderdaad, met een witte pruik en zwarte bril. 'Als ze maar plezier hadden.' Thors bromt: 'Mijn werk bracht wel enige bekendheid met zich mee. Dat verbaasde me toch steeds weer. Dan was ik bijvoorbeeld met mijn vrouw in het Concertgebouw en werd ik door wildvreemden begroet. "Kennen we die?" vroeg ik dan aan haar. "Nee, ze kennen jou." Mijn vrouw zei wel vaak dat ik nors keek als we samen op stap waren. Niet zo gek, mensen vroegen me om de haverklap wat voor weer het de volgende dag zou worden. Alsof ik dat weerbericht zelf in elkaar draaide.'

Als ik in de archiefdoos stuit op een eigenhandig geschreven gedicht over de 'vervuiling' van de Nederlandse taal, reageert Thors: 'Heb ik dat geschreven? Geestig. Ik let er nu veel minder op, maar toen ik jonger was vond ik dat inderdaad wel belangrijk. Ik ergerde me aan het toenemende gebruik van germanismen en anglicismen,' zegt de man die ooit in *Het Parool* omschreven werd als een 'conventionele, oerdegelijke conservatief, die in al die lange jaren geen onvertogen woord over zijn lippen liet vloeien'. En altijd keurig in het pak. 'Je kunt er als nieuwslezer nu eenmaal niet bij gaan zitten alsof je een showprogramma presenteert.' Zijn duidelijke en keurige dictie in perfect ABN leverde hem ooit een prijs op van de Vereniging voor Slechthorenden. 'Ik was van de oude school. De blafferige toon die veel mensen tegenwoordig op televisie gebruiken, nee, dat deden we in mijn tijd heel anders.'

In 1972, Frits Thors was inmiddels 63 jaar, kondigde hij zijn vertrek aan. 'Het is geen vak om lang mee door te gaan. Ik had inmiddels de oudste kop van het hele stel.' 'Ome Frits met de narigheid' zoals Thors zichzelf in die tijd noemde, verlangde terug naar de coulissen. Om even aan te geven hóé bekend Thors was: zijn vertrek was voorpaginanieuws van ongeveer alle grote Nederlandse kranten. 'Thors weg: Journaal is het *Journaal* niet meer', kopte bijvoorbeeld *Het Parool*. Frits Thors pakt de grijze archiefmap, waarin de tientallen artikelen, netjes opgeborgen en gerubriceerd zitten, even vast. Voorop prijkt een veelzeggende cartoon van een huilende vrouw op de bank. De kop: 'Frits Thors weg bij het *NOS Journaal*'. De vrouw zegt: 'Ik kan het niet thorsen!'

Frits Thors verbaast zich nog steeds over de impact die zijn vertrek had: 'Ik kreeg ontzettend veel bedankbrieven van vaste kijkers uit alle delen van het land. Ik heb ze allemaal bewaard. Kijk, moet je lezen wat deze mevrouw uit Waddinxveen schrijft: "Persoonlijk wil ik u zeggen dat het net lijkt alsof er een vriend uit mijn leven is verdwenen, die met zijn beschaafde stem en spraak en prettig uiterlijk me zo nu en dan een aangenaam bezoekje bracht. Uw vrouw hoeft niet jaloers te worden, want ik ben 82 jaar."'

Frits Thors glimlacht. Sterrenstatus is hem vreemd. Amusant vindt hij het wel. Hij vraagt om zijn loep, zet zijn andere bril op en leest dan een stukje uit zijn eigen bedankbrief voor. 'Door het grote aantal brieven dat ik bij mijn afscheid van het *NOS Journaal* heb ontvangen, is het tot mijn spijt niet mogelijk u op meer persoonlijke manier te bedanken voor uw vriendelijke woorden. Het is werkelijk een verrassing voor mij geweest te merken dat er in deze jaren met zoveel kijkers een band van sympathie blijkt te zijn ontstaan. Met nog meer voldoening kan ik nu op deze *Journaal*-periode terugzien.'

Frits Thors, een van de populairste nieuwslezers die het *Journaal* ooit heeft gekend, klapt zijn archiefdoos dicht. Tegenwoordig kijkt hij nog af en toe naar het *NOS Journaal*. Zijn favoriet is anchor woman Sacha de Boer, vanwege haar duidelijke spraak. 'Ik ben niet meer zoals vroeger dagelijks met het nieuws bezig. Ik lees nog wel de krant, kijk af en toe televisie. Als je zo oud bent als ik doe je niet veel meer op een dag. Ik heb me er bij neergelegd. Het is goed zo!' Dan, uit het niets zegt hij: 'Weet u hoe ik mijn carrière zie? Frits Thors was een onbetekenende figuur die ook een tijdje het *NOS Journaal* heeft gedaan.'

Hoofdstuk 3

'Ik was zéker geen feestnummer'

Noortje van Oostveen (1944)

anchor 1982-1988

'Veel mannen waren verliefd op me toen ik het *NOS Achtuurjournaal* presenteerde. Ook psychiatrische patiënten die zo eenzaam en in de war waren dat ze dachten dat ik het nieuws speciaal aan hén voorlas. Ik kreeg liefdesbrieven, soms met foto's van de man in kwestie; in onderbroek of halfnaakt onder de kerstboom. En veel cadeautjes. Die gaf ik aan de regieassistentes, daar wilde ik zelf niets mee te maken hebben.' Noortje van Oostveen, anchor bij het *NOS Achtuurjournaal* van 1982 tot 1988, vertelt laconiek, nuchter bijna, over die andere, onaangename kant die het presenteren van het *NOS Journaal* met zich meebracht. 'Eén vaste kijker was er zelfs van overtuigd dat hij met me was getrouwd. Hij stuurde steevast brieven gericht aan 'mevrouw Noortje *de Jong*-van Oostveen', dat was zíjn achternaam. Op de begrafenis van zijn moeder had hij zelfs een krans gelegd namens ons samen. Zijn familie was op zijn zachtst gezegd *not amused*, ik was meer verbijsterd dan boos. Op het moment dat een anonieme ambtenaar van de gemeente Bussum belde om me te waarschuwen dat deze man mij en hem samen had ingeschreven voor een vierkamerflat, werd het me te gortig. Toen heb ik de politie ingeschakeld. Daarna heb ik gelukkig nooit meer iets van hem vernomen.' Met de armen over elkaar, op een zwart-wit gestreepte chaise longue in haar ruime, strak ingerichte appartement in het centrum van Amsterdam vervolgt Noortje van Oostveen schouderophalend: 'Die brieven en dat gedoe hoorden er gewoon bij.' Al erkent ze – erop terugkijkend – dat het in het geval van meneer de Jong wel een heel ernstige vorm van stalking was, waar indertijd nauwelijks aandacht aan werd besteed. Het bracht haar echter niet van haar à propos. Typisch Noortje van Oostveen zoals we haar kennen van de buis: zakelijk, correct en zo af en toe een tikje streng. Dat kenmerkende korte rode haar heeft ze nog steeds. Toen ze begon bij het *NOS Journaal* was ze 38. Nu, dertig jaar later en verschillende toonaangevende banen verder, is ze nog altijd een chique en alerte dame die het liefst elke dag naar het *Achtuurjournaal* kijkt: 'Niemand moet mij bellen rond die tijd, dat vind ik echt onbeschoft. Dat dóé je niet, iemand storen tijdens het *Journaal*, écht niet!'

Van Oostveens carrière – variërend van woordvoerder van de Amsterdamse burgemeester Ed van Thijn begin jaren 90, tot media-adviseur van toen nog PvdA-lijsttrekker Wim Kok – begon eigenlijk echt toen ze bij het prestigieuze *NOS Journaal* ging werken.

Toen zij in 1982 in het diepste geheim een screentest deed, was ze al een gepokt en gemazelde radiopresentatrice. Ze werkte bij NCRV's *Hier en Nu*, eerst als verslaggever, later als presentator, eindredacteur en hoofd van de afdeling Actualiteiten. Na twaalf jaar was de tijd rijp voor een nieuwe uitdaging. 'Ik had een sterke drang om mezelf verder te ontplooien en zocht een baan waarin dat mogelijk was.' Die ambitie dreef haar richting televisie, een medium dat ze niet kende en dus een uitdaging pur sang. De screentest verliep 'geloof ik wel goed' en ze werd aangenomen. 'Het nieuws werd toen al een aantal jaren bijna alleen door mannen gepresenteerd. De toenmalig hoofdredacteur vond het heel belangrijk dat er weer een vrouwelijke anchor bij kwam.'

Na twee weken meelopen, kwam dan die zo belangrijke eerste uitzending. Ze was nog zo groen als gras op televisiegebied. Lachend: 'Ik stierf duizend doden, vond het dóódeng. Dacht alleen maar: Waarom wil ik dit? Dit is verschrikkelijk! Nu ga ik aan mijn eigen ambities ten onder.' Dan, serieuzer: 'Die stress heb ik altijd gehouden. Ik herinner me als de dag van gisteren die gortdroge keel van de spanning. Tijdens de uitzending móést ik minstens een liter water drinken. Schrijf dat maar op: Noortje van Oostveen leefde op water en ademhalingsoefeningen.'

De journalistieke aspiraties zaten er bij Noortje van Oostveen, de jongste van vijf kinderen, al vroeg in. Thuis verslond haar moeder – 'een heel bijzondere vrouw' – het dagblad *Trouw* en elke dag werd er via de radio naar het nieuws geluisterd. De invloed van haar moeder, 'ze was zéér taalgevoelig en sabelde mijn vrienden en vriendinnen echt neer als ze een spreekfout maakten', en haar geëngageerdheid met de politiek en actualiteit, legden de basis voor Van Oostveens latere carrière. Een televisie had het gezin niet. 'Dat was echt *no-go-area,* mijn moeder vond dat ongeschikt voor schoolgaande kinderen die huiswerk moesten maken.'

Met vijf kinderen was het een vrolijke boel bij de familie Van Oostveen. Al wierp de tragische dood van hun vader, de verzetsstrijder Gijsbert van Oostveen wel een schaduw over het gezin. Hij werd vlak voor de bevrijding, op 31 maart 1945, in hun toenmalige woonplaats Zutphen geëxecuteerd. Het ontredderde gezin verhuisde kort daarna naar een woning aan een statige laan in Zeist. In Zutphen lagen te veel traumatische herinneringen. Noortje van Oostveen was toen 1 jaar. Thuis werd er na die verhuizing niet veel over hem gepraat. Vooral pijnlijk voor de oudere broers en zussen, die hun heldhaftige vader vreselijk misten. De kleine Noortje wist niet beter, zij had hem immers niet echt gekend.

'Mijn vader ligt begraven op het ereveld van verzetsstrijders in Loenen. Het heeft lang geduurd voor zijn lichaam werd gevonden. Dat moet vreselijk geweest zijn voor mijn moeder. Ze wist dat hij dood was, maar kon geen afscheid nemen. Ik realiseerde me dat pas eigenlijk écht ten tijde van de Bijlmerramp in 1992. Ik was toen woordvoerder van de gemeente Amsterdam en maakte van dichtbij mee hoe vreselijk het is voor nabestaanden als het lichaam van een dierbare niet wordt gevonden. In 1994 las ik ergens dat het Huis van Bewaring in Zutphen zou worden afgebroken. Dat was voor mij de aanleiding om alles opzij te zetten en op zoek te gaan naar de gebeurtenissen in de laatste weken van mijn vaders leven. Dat was behoorlijk confronterend, ik ontdekte bijvoorbeeld dat mijn vader was gemarteld. Het hielp om alles wat ik tijdens die zoektocht te weten kwam van me af te schrijven. Dat verhaal is uiteindelijk in *Vrij Nederland* verschenen. Daarna kon ik het verleden laten rusten.'

Ze mag dan zelf uit een groot gezin komen, haar moeders gesloof deed Noortje van Oostveen 'met alles respect' besluiten zelf niet voor kinderen te kiezen. 'Ze kwam nóóit aan zichzelf toe, was altijd maar bezig met ons. Dat wilde ik niet.' Van Oostveen koos voor een journalistieke carrière.

Ruim zes jaar lang bracht ze dagelijks het belangrijkste nieuws uit binnen- en buitenland 'bij de mensen thuis'. 'Ik probeerde het nieuws echt te vertellen, de kijkers aan de hand mee te nemen door al die ellende in de wereld. Ik wilde zakelijk en betrouwbaar overkomen. Ik was zéker

geen feestnummer, met allerlei grappen en grollen, zoals bijvoorbeeld nieuwslezer Harmen Siezen dat zo goed kon. Dat paste niet bij me. Ik was bang om de plank mis te slaan. Ik streefde ook altijd naar dé perfecte opening. De eerste klap is een daalder waard.' Van Oostveen keek elke ochtend haar journaals terug, om te zien wat er beter kon. 'Één keer per jaar ging ik naar zo'n "presentatiegoeroe". Er sluipt van alles in wanneer je zo vaak op de buis bent. Daar werd me dan keihard verteld wat ik allemaal niet goed deed.' De perfectionistische Van Oostveen droomde geregeld over alles wat er mis zou kunnen gaan. 'Op een nacht werd ik badend in het zweet wakker. Ik had gedroomd dat ik van een geborduurde autocue moest lezen. Alle woorden stonden in kruissteekjes, de hele uitzending liep fout. Hilariteit alom natuurlijk, toen ik dat de volgende ochtend op de redactie vertelde.'

Maar hoe perfect ze het ook deed: de brieven die ze van kijkers ontving, of de – vaak – negatieve stukjes in weekblad *Privé*, repten nooit daarover. Nee, die gingen tot haar frustatie altijd over hetzelfde onderwerp: haar uiterlijk. 'Het was nooit goed. De ene keer was ik te truttig gekleed en de andere keer zag ik eruit of ik mijn kleding op het Waterlooplein had gekocht. Ik wist niet wat ik ermee moest, want het ging voor mij eigenlijk nergens over.' Als vrouwelijke presentator moest ze zich 'of ik nu wilde of niet', toch meer met haar uiterlijk bezighouden dan bijvoorbeeld mannelijke collega's als Rien Huizing en Fred Emmer. 'Die waren altijd onberispelijk gekleed in een pak, daar kon je weinig commentaar op hebben.' En dus toog Van Oostveen jaarlijks richting de Amsterdamse Beethovenstraat om samen met collega Elleke van Doorn voor een heel seizoen kleding uit te zoeken. 'Ik heb eigenlijk een hekel aan winkelen, maar met Elleke was het altijd heel gezellig. Zaten we de hele ochtend bij Claudia Sträter. Dan kwamen we met een hele stapel bloesjes en jasjes thuis, die ik na afloop van het seizoen weer voor een prikkie verkocht aan vriendinnen. Dat geld besteedde ik dan weer aan nieuwe jasjes voor het *Journaal*.'

In haar *NOS Journaal*-tijd begon Van Oostveen de dagen dat ze anchor was elke dag om half twaalf met een redactievergadering, waar ze graag een stempel op de inhoud van de uitzending drukte. Daarna las ze uitgebreid alle kranten, hield de buitenlandse persbureaus in de gaten, luisterde naar haar 'oude liefde de radio' en maakte een rondje over de redactie. 'Dan besprak ik de aanpak met de redacteuren. Als ik dat gedaan had, ging ik voorzichtig wat aan presentatieteksten sleutelen.' In nieuwsarme dagen zaten nog wel eens wat loze uren. 'Eindeloos duurden die soms, de tijd króóp voorbij, daar had ik wel een hekel aan. Je had toen nog maar drie *Journaals* per dag, dus het was ook een boel wachten.' Maar bij écht groot nieuws was Van Oostveen op haar best 'al zeg ik het zelf'. Ze hield van het improviseren, van de spanning die er rond zo'n uitzending hing. 'Halen we het? Vergeten we niets? Zijn er genoeg reacties? Is er genoeg beeld? Die vragen spookten dan continu door mijn hoofd. Er zijn op zo'n moment veel onzekerheden, alles gaat zó razend snel.'

Zoals bijvoorbeeld op 28 januari 1986, toen het Amerikaanse ruimteveer de Challenger met zeven mensen aan boord, 73 seconden na de start verongelukte. Van Oostveen kan zich die dag nog goed voor de geest halen. 'Ik had dienst en we zaten allemaal naar de lancering te kijken, die live op televisie was. Het was een dramatische en tragische gebeurtenis, zowel menselijk als wetenschappelijk. Maar we zaten anderhalf uur voor de uitzending. Dus zette ik de knop om, en gíng ervoor. Net als de rest van de redactie overigens. Amerika-correspondent Haye Thomas in een kruisgesprek, de reacties uit de Verenigde Staten en de rest van de wereld, headlines bedenken, vertalingen, teksten schrijven. Iedereen gaf het beste van zichzelf en had maar één doel voor ogen: een goede uitzending maken. En dat is gelukt, alles zat er in. Door het gevoel van saamhorigheid dat dan ontstaat, kun je als collectief een topprestatie leveren.' Eenmaal thuis op de bank realiseerde Van Oostveen zich de impact van dit menselijke drama. 'Dat was wel even slikken, maar tijdens het werken, voelde ik dat niet. Geen tijd voor.'

Ook de ramp bij Zeebrugge met de veerboot *Herald of Free Enterprise* maakte ze van dichtbij mee. En later, toen ze inmiddels eindredacteur was bij het *Journaal*, de val van Ceauçescu in Roemenië. 'Eigenlijk te veel om op te noemen, het was een zeer boeiende tijd.'

Maar op de vraag of het ook een inspirerende tijd was, zegt ze resoluut: 'Nee, dat niet.' Nu nog steeds kan ze zich met terugwerkende kracht ergeren aan alle klokkijkers op de redactie. 'Er werkten daar veel goede, maar zeker ook veel zwakke broeders en zusters op de redactie. Sommige redacteuren waren net ambtenaren, die keken de hele middag op de klok of ze al naar huis konden. Die werkten er vaak ook al járen. Ik begreep daar niets van. Waar was de ambitie? De passie om sámen een spetterend *Journaal* te maken? Ik was dat helemaal niet gewend bij de radio. Daar werkten we zeven dagen in de week, roosters kenden we niet en iedereen was altijd met de uitzending bezig.'

De leukste tijd van haar journalistieke carrière had Van Oostveen uiteindelijk niet bij het *NOS Journaal*, maar bij de radio. 'Toch heb ik het er reuze naar mijn zin gehad, ik heb vreselijk veel geleerd, goed samengewerkt, in soms

zeer hechte teams. Maar het was – het spijt me om te zeggen – niet de meest inspirerende omgeving waarin ik heb gewerkt. Ik vond het té log, té ambtelijk, echt een nieuwsfabriek. Toen ik na zes jaar stopte en hoofd Communicatie werd bij de gemeente Amsterdam, zeiden mensen op de redactie: "Maar Noortje, dan word je ámbtenaar." Nou, ik heb zelden zo'n energieke werkomgeving meegemaakt als bij de gemeente Amsterdam. Niemand was ooit te beroerd om een avondje door te halen, daar konden veel *Journaal*-mensen nog een puntje aan zuigen.'

Inspirerend of niet, Van Oostveen heeft genoeg dierbare herinneringen aan haar tijd bij het *Journaal*. Ze koestert nog altijd haar afscheidsfeest, met alleen de dames. Twee directe collega's, onder wie presentator Noraly Beyer, organiseerden een feest in een Turks restaurant in Amsterdam. Met buikdanseres. 'Het was hilarisch. Ze liet 45 vrouwen buikdánsen. Zelfs mij! We werden geacht muntjes in haar decolleté te stoppen.' Schaterend: 'Dat wist Noraly dan weer, ik niet.'

De beslissing om weg te gaan bij het *NOS Journaal* werd weloverwogen genomen: 'Ik wilde vertrekken op een moment dat mensen het nog jammer vonden. Daarbij vind ik dat een presentator een beperkte houdbaarheidsdatum heeft. Op een bepaald ogenblik wil de kijker ook weer iets anders.' Dat andere presentatoren soms wel twintig jaar het *NOS Journaal* hebben gepresenteerd, respecteert ze. 'Het is alleen niks voor mij, ik wilde weer verder, nieuwe werelden leren kennen. En dát heb ik gedaan.'

Van Oostveen hoopt de geschiedenisboeken in te gaan als een vakvrouw. 'Als ik nu een uitzending uit die periode terug zou zien, schrik ik, denk ik. Het vak van toen, in een internetloos tijdperk, is niet meer te vergelijken met dat van nu. Al is het net als met fietsen; verleren doe je het nooit.' Dat bleek ook wel toen ze tijdens de feestelijkheden rond het 50-jarige bestaan van het *NOS Journaal* na bijna 25 jaar nog een keer een nieuwsbulletin las. 'Alsof ik het gisteren nog had gedaan. Het ging vanzelf.'

Het huidige *Journaal* bekijkt ze 'Nooit helemaal zonder waardeoordeel natuurlijk. Ik kan me soms vreselijk ergeren, aan slecht taalgebruik, of slordigheden.' Al erkent ze dat de druk van elk uur een uitzending onvolkomenheden met zich meebrengt. 'En al dat lopen tijdens het presenteren van het nieuws, zoals Sacha de Boer en Rob Trip nu moeten doen, lijkt me geen pretje. Dat is ontzettend moeilijk. Ik word er ook door afgeleid. Maar goed, de moderne tijd zal er wellicht om vragen.'

Was er dan ook nog iets romantisch aan het presentatievak? Iets dat ver weg lijkt te staan van de feitelijke verslaggeving van het dagelijkse nieuws. Wel in de tijd van

Noortje van Oostveen. Haar echtgenoot, met wie ze al meer dan dertig jaar is getrouwd, liet elke week een bos bloemen op de redactie bezorgen, voor op haar bureau. Dat haalde zelfs *Privé*, die rellerig kopte: 'Elke week wordt er voor een fortuin bloemen afgeleverd op de *Journaal*-redactie'. 'Hij betaalde ze natuurlijk gewoon zelf,' vertelt van Oostveen lachend. 'Op onze trouwdag deed hij mij die belofte. En hij heeft inderdaad nooit een week overgeslagen.' Voor zoveel romantiek op de werkvloer heeft na haar geen enkele presentator meer gezorgd. Dat feit mag zéker in de geschiedenisboeken van het *Journaal*.

Hoofdstuk 4

'Ik heb het altijd heel belangrijk gevonden om prominent aanwezig te zijn in het Journaal'

Philip Freriks (1944)

anchor 1996-2009

'Er kwam op Schiphol een keer een vrouw op me af die woedend siste: "Klóótzak, ga weg bij dat *Journaal*." Ik werkte er nog niet zo lang en dacht: Wat zullen we nu beleven? Dat is me altijd bijgebleven.' Zelfs na zoveel jaar lijkt Philip Freriks heel even verbouwereerd over de boosheid die hij blijkbaar wist op roepen. 'Die verbeten blik in haar ogen, alsof ik haar persoonlijk iets had misdaan. Nee, dan de Amsterdamse buschauffeur van lijn 22, 'die elke keer als ik de bus instap zegt: "Goedemorgen meneer Freriks, alles goed met u?"' Freriks, de bekende twinkeling in de ogen: 'Dat is toch een stuk sympathieker.' Hij kijkt vanuit zijn lichte appartement uit over de Amsterdamse grachten. Het is een pied-à-terre, waar hij verblijft als hij in Nederland is voor televisieopnamen. Thuis is Parijs, waar hij al decennia woont met zijn Franse vrouw. '"Het *NOS Achtuurjournaal* presenteren is als Formule 1 rijden," zei iemand ooit tegen me. "Zodra je een keer niet oplet en een fout maakt sta je met de wielen in het grind." Zo is het precies. Ik kwam al heel snel met mijn wielen in het grind te staan. Nee, ik had zeker geen vliegende start bij het *Achtuurjournaal*. Ik heb werkelijk alles over me heen gekregen wat je maar kunt bedenken. Dat was niet leuk, soms ronduit kwetsend.'

Philip Freriks is onbetwist de meest besproken anchor uit de geschiedenis van het *NOS Journaal*. Charmant en sympathiek vond de een, een zelfvoldane kwal vond de ander. Hij was zeker ook een van de geestigste: een 'pizzakoerier' werd bij hem 'pizzacoureur'. En typerend: tijdens het weerbericht ging ooit doodleuk zijn mobiele telefoon af, 'vergeten uit te zetten'. Een sterke persoonlijkheid: flamboyant, eigengereid, serieus maar altijd relativerend, met een groot gevoel voor humor. Een presentator die 'van vlees en bloed' wilde zijn en het wereldnieuws elke dag voorzag van een persoonlijk stempel. Kom bij Freriks niet aan met 'het oplezen van gortdroge dienstmededelingen', zijn *joie de vivre* deelde hij veertien jaar lang maar al te graag met de kijker thuis: 'Ik wilde niet dat mensen zich bij mij verveelden. Ik wilde een vertéller zijn, iemand die urgentie aangeeft, afstand neemt, maar ook af en toe relativeert en knipoogt. Iemand die als het ware met woorden vertaalde wat mensen al voelden. Ik vergeleek het met een krantenartikel, dat moet ook goed geschreven zijn. Een kijker moet zin hebben om met de presentator mee te gaan door die 25 minuten.' Freriks veert op – weer die schalkse oogopslag: 'Dat zat 'm vaak in hele kleine dingen. Er is in de media eindeloos geluld over mijn bruggetjes naar weerman Erwin Kroll. Het was te grappig, of juist te flauw, maar over elk bruggetje heb ik eindeloos nagedacht. Ik zocht in encyclopedieën vaak uitdrukkingen op die iets met het weer te maken hadden. Bij mijn afscheid zei Erwin Kroll: "Philip legde altijd de rode loper voor me uit." Dat was ook precies wat het moest zijn. De kijkers vonden dat leuk. Ik word daar nu nog regelmatig over aangesproken. "Jullie tweeën, dat was fantastisch."'

Nederland moest overduidelijk wennen aan de eigenzinnige Freriks, die in 1996 Joop van Zijl opvolgde als anchor van het *Achtuurjournaal*. Zijn bloemrijke taalgebruik, relativeringsvermogen en humoristische kwinkslagen vonden sommigen juist 'fantastisch', terwijl anderen hem verguisden om zijn ironische ondertoon, 'aanstellerige Franse uitspraak' en zijn vele versprekingen. Het leverde hem bijnamen op als *Philip de Hakkelaar* en de *Stotteraar van de Notre Dame*.

Zuchtend: 'Ik zal voor de rest van mijn leven de man van de versprekingen blijven. Dat heeft me heel lang achtervolgd. Ik denk dat het ook te maken had met mijn tweetaligheid, al wilde ik dat toen helemaal niet toegeven. Ik was zo verfranst. Ik woon al ruim veertig jaar in Frankrijk, ben getrouwd met een Française en spreek thuis altijd Frans. Als ik moest improviseren, paste ik automatisch de Franse zinsbouw toe, of ik zei per ongeluk een Frans woord. Mensen vonden dat aanstellerig, maar het ging vanzelf.'

Freriks had zeer uitgesproken ideeën over het *Journaal* toen hij er begon: 'Ik dacht: Ik zal het Nederlandse volk wel eens een poepie laten ruiken. We gaan de zaak op de redactie eens flink opschudden. Ik vond het *Achtuurjournaal* veel te saai en braaf. Ik wilde meer schwung in de presentatie. Dat was in de praktijk veel lastiger dan ik dacht. Ik had al veel televisieprogramma's gepresenteerd, waarin het er niet zo op aankwam als je je eens versprak, maar het *Achtuurjournaal* is een strak keurslijf, daar heb ik me wel in vergist. Ik was in het begin voortdurend in gevecht met mezelf.'

Freriks was ruim twintig jaar buitenlandcorrespondent in Parijs; hij werkte zich 'een slag in de rondte' voor *Het Parool*, later *de Volkskrant* en het *NOS Journaal*. Tot september 1993. 'Ik was moe. Het was heel zwaar, ik werkte zeven dagen per week en was nooit voor half negen thuis. Op een bepaald moment werd ik kribbig als redacteuren me belden met een onderwerp dat ik al zo vaak had verslagen. Ik kreeg een déjà vu-gevoel en als je dat krijgt, moet je wegwezen.' Lacht hard: 'Ik was er nogal trots op dat ik werd opgevolgd door twee mensen. *De Volkskrant* en het *Journaal* stuurden beide een nieuwe correspondent.' Freriks wilde iets nieuws en ging verschillende televisieprogramma's voor de NCRV presenteren. Hij kreeg door zowel *de Volkskrant* als de NOS verschillende prestigieuze correspondentschappen aangeboden: Brussel: 'Niet zo'n zin in', Moskou: 'Ik zou slaande ruzie krijgen met de communisten' en Washington: 'Ik wist geen fuck van Amerika.'

Het aanbod om anchor van het *Journaal* te worden, kwam onverwacht. 'Ik kwam op vrijdagmiddag geregeld langs bij het *NOS Journaal*. In de kamer van de hoofdredacteur werd de jeneverfles uit de ijskast gehaald en dan bespraken we het *Journaal*. Ze vroegen me wat ik ervan vond, of dingen misschien anders moesten. En ik ben dus een paar keer gepolst voor een nieuwe correspondentenpost. Maar dat was niet wat ik zocht.' Tijdens zo'n bijeenkomst een paar jaar later kwam het verzoek: 'Zou jij misschien de opvolger van Joop van Zijl willen worden?' Freriks zat meteen op de punt van zijn stoel: 'Ik dacht: Dat is wel een hele mooie baan. Ik was er ook aan toe. Je bent op een buitenpost toch een *lonesome cowboy*. Ik heb dat jarenlang heel prettig gevonden, ik was mijn eigen chef, maar ik wilde ook wel eens lekker binnen zitten en niet meer in de regen en modder staan. Hoe langer ik er over nadacht, hoe aantrekkelijker de baan werd. De omstandigheden waren ideaal, week presenteren, week vrij: dan was ik niet te veel weg van mijn gezin in Parijs. En ik dacht: Nu kan ik me ook eindelijk écht tegen dat *Journaal* aan bemoeien.'

Lachend: 'We dronken nog een borrel, het werd steeds

leuker.' Freriks ging fluitend terug naar Frankrijk voor overleg met zijn vrouw. Diep in zijn hart had hij de keus al gemaakt: de *lonesome cowboy* ging naar binnen.

Philip Freriks werd in 1944 geboren in Utrecht, vader werkte bij de spoorwegen, moeder was gemeenteraadslid voor de PvdA. Over het gezin lag een droeve sluier door de dood van Philips oudste broertje, dat op 9-jarig leeftijd werd doodgeschoten bij de bevrijding van Groningen. 'Een verdwaalde kogel, zo werd gezegd.' Het verdriet van zijn moeder, de zondagse fietstochtjes naar de begraafplaats: de impact die dat op hem had, verwerkte hij in het boek *Jantje*.

Op zijn zestiende begon Freriks zijn journalistieke carrière als 'roeimedewerker' bij het *Nieuw Utrechts Dagblad*. Zijn buurman was er adjunct-chef-sport en Freriks informeerde fijntjes waarom er in de krant nooit gerept werd over zijn 'heldenprestaties' op roeigebied. 'Daar hebben we niemand voor, misschien kun jij dat wel met je grote mond.' Van de ene op de andere dag werd de jonge Freriks 'roeimedewerker', wat heet, 'sterverslaggever'. Kijken naar het *NOS Journaal* vond de familie Freriks 'niet zo interessant'. We keken altijd wel naar actualiteitenrubrieken als *Achter het Nieuws* en *Brandpunt*, geweldige programma's. Ik vond Koos Postema en Aad van den Heuvel echt helden. Van het *Journaal* herinner ik me Frits Thors, met die witte kuif. En sáái dat het was.'

Zijn eerste journalistieke kennismaking met het *NOS Journaal* was in mei 1977. Een groep jonge Molukkers had de 5 onderwijzers en 105 kinderen van een lagere school in Bovensmilde gegijzeld én een trein gekaapt bij de Punt in Drenthe. Heel Nederland was in de ban van deze ongekende terroristische acties. Freriks werkte indertijd als verslaggever bij VARA's *Achter het Nieuws*, maar was 'uitgeleend' aan het *Achtuurjournaal,* waar hij live verslag moest doen bij de school. Hij maakte een flinke uitglijder: toen er achter hem in beeld tientallen veldbedden werden binnengebracht, speculeerde hij 'dat zou er wel eens op kunnen duiden dat het hier nog heel lang gaat duren.' 'Ik kreeg meteen een boze hoofdredacteur aan de telefoon die riep: "Dit moet je absoluut niet doen. Wij willen niet dat er conclusies worden getrokken." Dat was een wijze les voor mij. Ik was me daar niet genoeg van bewust. In mijn latere carrière heb ik daar nog veel aan gehad: dat je altijd goed moet beseffen wat je wel en niet moet zeggen. Vooral als er mensenlevens op het spel staan.'

Tijdens de gijzeling werkte hij weer nauw samen met zijn voorganger, *Journaal*-icoon en goede collega Joop van Zijl. Een paar jaar eerder deden ze dat ook tijdens het staatsbezoek van koningin Juliana en prins Bernhard aan Frankrijk. 'Bernhard wilde in Toulouse de Concorde bekijken: wij zijn achter hem aangevlogen met een vliegtuigje van het Franse leger.' Lachend: 'Dat kleine rotvliegtuig werd de "Vliegende lijkkist" genoemd. Het krankzinnige was dat we tijdens de hobbelige vlucht werden bediend door twee chique heren, die voortdurend langskwamen met de lekkerste hammen, patés en rode bordeaux. Joop en ik lagen werkelijk in een deuk. Toen we in Toulouse aankwamen waren we "licht hilarisch, zeg maar" en was onze "vriendschapsband" voor eeuwig.'

Freriks' komst bij het *Achtuurjournaal* bleef als gezegd niet onopgemerkt. 'Na een half jaar "stront over me heen" heb ik wel tegen de hoofdredactie gezegd: "Luister, al die kritiek op mij moet natuurlijk niet het *Journaal* beschadigen. Dus als je vindt dat dit zo niet kan, moeten we er een punt achter zetten." Ik vond dat ik dat moest zeggen, ook om te weten waar de hoofdredactie stond.' Adjunct-hoofdredacteur Jan Rodenburg reageerde met de historische woorden: "Gewoon doorgaan met ademhalen!" Lachend: 'Mooi gezegd, hè? Ik was daar natuurlijk blij mee. Ik had ook wel iets van: *Fuck them all*. Deze strijd ga ik dus winnen.'

De kijker verrijken, het nieuws veraangenamen of iets relativeren met ingenieuze taalvondsten, daar streefde Freriks naar: 'Ik schreef mijn teksten het liefst zelf. Als er grote dingen speelden, begon ik aan het begin van de middag al te schrijven. Het gebeurde ook wel eens dat een redacteur het al voor me had gedaan en zei: "Ik heb het helemaal op jou geschreven." Maar het was het altijd nét niet, heel pijnlijk.' Freriks kon uren 'kauwen' op een 'tekstje van 40 seconden'. 'Ik zocht vaak de grens op, het moest een beetje schrijnen zo af en toe. Meestal waren de teksten die ik kort voor achten snel moest bedenken de leukste trouwens.' Freriks' bezetenheid met zijn teksten joeg geregeld de eindredacteur en regisseur in de studio de stuipen op het lijf als hij op het allerlaatste moment aan kwam rennen. 'Dan zei de eindredacteur gestrest: "Philip, je moet nú naar de studio. En riep ik: "Wacht nou even, ik moet die tekst nog afmaken. Hoe langer je tegen me lult, hoe langer het duurt."'

Stoïcijns bleef Freriks, zelfs als het in de hectische laatste minuten voordat het *Achtuurjournaal* begon, mis dreigde te gaan. 'Ik rende een keer naar de studio en toen viel mijn draagbare oortje uit, hij rolde zo onder de trap. De eindredacteur riep: "Ga jij maar vast." Hij heeft 'm uit het stof gevist en een halve minuut voor acht kwam hij aanrennen en drukte het ding in mijn oor. Ik riep nog naar de regie: "Hallo, kunnen jullie me horen?" En boing, daar

begon het *Journaal*.' Freriks kan een grijns niet onderdrukken: 'Ik moest daar zelf altijd erg om lachen. Maar ik was wel de enige.' Dat blijkt, want omdat Freriks de klok graag tartte, werd er een speciaal protocol opgesteld: elke presentator moest om tien minuten voor acht in de studio zijn. Ironisch: 'En daar heb ik me verder ook altijd heel braaf aan gehouden.'

De kritiek op Philip Freriks verstomde minder snel dan hij had gehoopt. Zijn positie binnen het *Journaal* verzwakte: 'In 2004 werd me door de hoofdredactie meegedeeld dat mijn contract niet zou worden verlengd. Wat kon ik zeggen? Ik was freelancer, dat was mijn eigen wens, dus het was *all in the game*. Ik moest plaatsmaken voor Charles Groenhuijsen, die stopte met zijn correspondentschap in Washington. Natuurlijk vond ik dat zeer vervelend, het voelde als een nederlaag.'

Voor het eerst in zijn journalistieke carrière zag Freriks

een prestigieus project waar hij de spil in was, bijna misgaan. 'Gek genoeg begon de zaak toen te kantelen. Wat ik wilde bereiken in het *Achtuurjournaal*, werd langzamerhand gerealiseerd. Ik ging beter presenteren, de *Journaals* werden minder braaf en uit onderzoeken bleek dat ik heel goed lag bij de jeugd. Dat was daarvoor nooit gebeurd.' Terwijl Freriks zich in Parijs instelde op zijn vertrek, ging de telefoon. Het was de hoofdredacteur: 'Of ik alsnog wilde blijven, Groenhuijsen werd het toch niet. Dat voelde wel als erkenning. Wat aanvankelijk een mislukking leek te worden, werd misschien toch een succes.'

Het 'absolute hoogtepunt in zijn journalistieke carrière' waren de aanslagen op 11 september 2001 in New York. Freriks was die dag aan het werk en zat met de eindredacteur te kijken naar de Europese beelduitwisseling: 'Ineens zien we een vliegtuig die toren binnenvliegen. We hadden net tegen elkaar gezegd: "Wat een kutdag, waar zullen we eens mee openen?" Dus ik riep: "Daar hebben we onze opening." Wij gingen er toen nog van uit dat het een krankzinnig ongeluk was. Maar nog geen kwartier later zag de eindredacteur opnieuw een vliegtuig de toren binnenvliegen. Ze riep over de redactie: "Is dit een herhaling?" "Nee," antwoordde een redacteur verschrikt: "Dit is een nieuwe." Ik dacht alleen maar: Wacht eens even, dit is oorlog. Tien minuten later waren we live op zender.' Er was grote hectiek op de redactie, veel beelden, weinig informatie en iedereen realiseerde zich dat het *Journaal* uren achter elkaar zou gaan uitzenden: 'Ik zat in de studio, hoofdredacteur Hans Laroes zat op mijn oortje, dat deed hij echt fantastisch. Ik had niks, hij voedde mij met informatie, ik zei hem na. Dat zijn hele spannende momenten voor een presentator.' Freriks, serieus: 'Ik heb toen meteen gezegd dat dit een moment was met verregaande gevolgen. Vergeet niet, in die eerste uren leek het erop dat er misschien wel 25.000 doden zouden zijn. Pas een dag later wisten we dat het er 3000 waren.'

Freriks had drie weken achter elkaar dienst en maakte tientallen uren livetelevisie over de aanslagen. 'Je hebt natuurlijk enig historisch besef, je weet hoe dingen in het verleden zijn begonnen. Ik dacht alleen maar: Is dit zo'n moment? Ik was heel even bang dat dit het einde zou betekenen van de wereldvrede.'

Freriks stopte in 2009 als anchor bij het *Journaal*. Het begon uiteindelijk toch weer te 'kriebelen'. 'Gelukkig heb ik nog een paar hele mooie *Journaal*-uitzendingen gepresenteerd vanuit het buitenland, zoals de Amerikaanse verkiezingen vanuit Washington, de verkiezingen in Afghanistan vanuit Kabul. Gek is dat, ik heb na mijn afscheid het *Journaal* ook nooit meer echt gemist. Het was mooi zo. En gelukkig ben ik heel goed weggegaan.'

Over *NOS Journaal* anno 2012: 'Ik heb gemengde gevoelens over de nieuwe opzet. Het decor is prachtig, maar het weerbericht is een soort knoppenfabriek geworden, dat werkt op mijn lachspieren. In dat rondlopen heb ik zelf nooit geloofd: het moet dynamiek geven, ik vind juist dat het vertraagt.'

Stilzitten is er voor de 68-jarige Freriks niet bij: pendelend tussen Parijs en Amsterdam komen er wekelijks opdrachten bij: televisieprogramma's, schrijven, theater: de anchor blijft een anchor, waar hij ook voor wordt gevraagd: 'Ik heb het altijd heel belangrijk gevonden om prominent aanwezig te zijn in het *Journaal*. Je moet jezelf juist níét wegcijferen. Maar misschien denken de andere presentatoren wel: Moet je kijken wat er allemaal over die Freriks is gezegd, daar heb ik geen zin in. Het zou zo maar kunnen dat ik het antivoorbeeld ben.'

Hoofdstuk 5

'Ik heb het Journaal geen seconde gemist'

Harmen Siezen (1940)

anchor 1969-2002

'Koffie? Mijn vrouw heeft alles klaargezet, ik kan niets in het huishouden.' Wijst naar een familiefoto aan de muur: 'Kijk, er zijn nog twee Harmen Siezens. Dit is mijn zoon, die heet ook Harmen Reinoud.' Straalt: 'En dit ventje is mijn kleinzoon, de jongste Harmen Siezen. Mooi, hè? Hij zegt dat hij zijn zoon later ook Harmen gaat noemen.' Loopt van de keuken naar de woonkamer van zijn grote huis in Hoevelaken. 'Ik woon hier al veertig jaar, moet er niet aan denken om ergens anders te gaan wonen. Nieuwe contacten leggen, alsjeblieft niet zeg! Nee, ik ben geen sociaal mens. Als ik ergens ben waar ik niemand ken, voel ik me *unheimlich*. Mijn vrouw is wel heel sociaal, die vult mij prachtig aan. Ik houd van de vanzelfsprekendheid hier: elke middag haal ik bij de plaatselijke kruidenier een *NRC Handelsblad*. Hij heeft maar twee exemplaren, hij bewaart er altijd een voor mij.'

Harmen Siezen kwam 33 jaar lang avond aan avond bij de 'mensen thuis' als anchor van het *NOS Journaal*. Meerdere keren werd hij door de kijker uitgeroepen tot 'populairste nieuwspresentator van het *NOS Journaal*'. Maar wie denkt dat Siezen daarvan onder de indruk is, heeft het mis: 'Ik vind mezelf niet belangrijk. Écht niet.'

Aan de muur hangt een olieverfschilderij, een vergezicht waarop een klein huisje te zien is op het Zeeuwse boerenland. In de wijde omtrek is geen mens te bekennen: 'Sinds een paar jaar hebben we een huis op Schouwen-Duivenland, in Dreischor, vlakbij mijn geboortedorp. Daar zijn vind ik wél belangrijk. Van die weidsheid van het Zeeuwse landschap kan ik lyrisch worden.'

Siezen begon in 1969 als verslaggever bij het *NOS Journaal*, maar oefende achter de schermen al snel als nieuwslezer. Coryfeeën als Rien Huizing en Frits Thors – 'Ik zei altijd u tegen hem' – waren zijn leermeesters. 'Als zij klaar waren met hun uitzending, was ik aan de beurt. Dan moest ik het nog eens overdoen. Ik leerde de juiste leessnelheid hanteren, hoe je de klemtoon correct moest plaatsen en dat je moest begrijpen wat je las. Dat deden ze fantastisch. Mooie tijden. In de jaren erna heb ik nog veel cursussen gevolgd, want een echte opleiding kreeg je niet bij de NOS.'

Domineeszoon Siezen werd op 26 december 1940 geboren in Noordgouwe, op het Zeeuwse eiland Schouwen-Duivenland. Door het werk van zijn vader verhuisde hij in zijn jonge leven naar Zaltbommel, Den Haag , Peize en Rotterdam. 'Verschrikkelijk vond ik dat.' Toen hij op het gymnasium zat in Rotterdam verliet zijn vader het gezin voor een baan in Berlijn. 'Hij zei: "Ik moet je wat vertellen. Ik ga nu weg. Ik ga van je moeder af." Ik begreep daar niks van. Mijn ouders hadden nooit ruzie waar mijn broer en ik bij waren. We hebben er wel een klap van gekregen. We zagen mijn vader daarna niet veel meer. Af en toe gingen mijn broer en ik met de trein naar hem toe. Scheiden in de jaren 50, dat was wat hoor! Ik schaamde me er voor, zei altijd dat hij op vakantie was.' Dan: 'Zelf ben ik al 46 jaar getrouwd met mijn vrouw. Ik ben het liefst met haar samen, dat vind ik het allermooiste.'

Schiphol, het werd langzaam licht. Een onvergetelijke ervaring.'

Op 6 mei 2002 werd heel Nederland opgeschrikt door de moord op Pim Fortuyn. 'Ik deed die middag het *Zesuurjournaal*. Tijdens het laatste bericht werd er in mijn oor geroepen: "Pim Fortuyn is neergestoken op het Mediapark, meld dat maar." De uitzending liep door, snel daarna hoorden we dat hij dood was. Dat vond ik heel beangstigend. Het Mediapark werd hermetisch afgesloten door de politie. Ik was echt ontdaan dat dit in Nederland kon gebeuren. Ik moest veel improviseren tijdens die uitzending, zoals dat gaat bij calamiteiten. Mijn vrouw zat thuis te kijken met onze 4-jarige kleindochter Pien. Zij zag ook de bebloede Fortuyn liggen. "Hij heeft pijn aan zijn knie," verklaarde mijn vrouw. Wat kon ze anders zeggen.'

'Nog koffie? Mijn vrouw heeft twee koffiepads neergelegd. Eet ook even die koekjes op, anders lijkt het net alsof ik niets heb aangeboden.' Siezen lacht. Er komt een sms binnen: 'Ook dat nog zeg, het lijkt wel of ik belangrijk ben.'

De bekendste en leukste blooper uit de *Journaal*-geschiedenis staat op naam van Harmen Siezen. Tijdens een kort item over zadelpijn schiet Siezen in de lach. 'Het was de combinatie van tekst en beeld. Verslaggever Peer Ulijn had geschreven dat mensen door zadelpijn last krijgen van hun libido. Ik vond dat een te moeilijk woord en veranderde het in seksuele belangstelling. Terwijl ik de tekst voorlas, zag ik al die 'stomme oude lullen' door het beeld fietsen en dat werkte vreselijk op mijn lachspieren. Ik probeerde het nog te onderdrukken, maar de technici aan de andere kant van de ruit lagen helemaal dubbel, dus dat lukte natuurlijk niet.' Jarenlang verbood Siezen om dit fragment nog eens uit te zenden. Nu: 'Ach, het is een klassieker, mijn kleinkinderen moesten er ook heel hard om lachen. En het is toch allemaal te vinden op internet, ik vind het wel best.' Dan brommend: 'In Nederland word je onmiddellijk in een hokje geplaatst. Ik ben de man van de "zadelpijn", als dat alles is wat mensen na 33 jaar hebben onthouden.'

Harmen Siezen is geen man voor grote stappen of avontuur. 'Dat is de tragiek van mijn leven.' Toch waagde hij in 1989 na veel aarzelen de overstap naar Joop van den Endes TV10, dat de eerste commerciële televisiezender van Nederland moest worden. 'Ik heb er wel vijf keer over gesproken met de hoofdredacteur, diep in mijn hart wilde ik niet weg. Maar ik had twee studerende kinderen en zou er veel meer gaan verdienen. Daarnaast had ik wel zin in iets nieuws. Het was een hele lastige beslissing. De directeur van de NOS dreigde: "Als je daarheen gaat, kom je het terrein hier nooit meer op." Het was oorlog in Hilversum, maar ik ging toch.' Na zeven maanden stond hij alweer op straat. TV10 was mislukt, iedereen was ontslagen. 'Ik weet nog dat Joop van den Ende een arm om me heen sloeg en zei: "Dit was toch niks voor jou, Harmen, jij bent een jongen voor een solide club, met een pensioen." In Hoofddorp was er een persconferentie. Ik was zo aangedaan, stond bijna te janken. Ik had vreselijk spijt. Een ex-collega belde me en zei dat ik best terug kon komen omdat ze nog niemand in mijn plaats hadden gevonden. En gelukkig kón dat. De dag dat ik weer voet over de drempel zette bij het *Journaal*, zal ik nooit vergeten: iedereen kwam op me af, mensen omhelsden me, *sans rancune*. Vanaf dat moment heb ik besloten om niet meer weg te gaan bij het *Journaal*.'

Al was hij terug: Siezen werd niet langer ingezet als anchor van het *Achtuurjournaal.* Behalve af en toe op de zondagavond; de best bekeken *Journaal*-uitzending van de week, net na *Studio Sport.* Toen Joop van Zijl wegging in 1996 hoopte Siezen zijn opvolger te worden. Maar hij werd het niet. 'Mijn zoon belde: "Pa, ik zie op Teletekst dat Philip Freriks de nieuwe anchor van het *Achtuurjournaal* wordt." Ik heb het wel jammer gevonden dat ik het niet mocht presenteren, maar ik ben geen type om dan heel boos te worden. *Come on,* het is maar werk. Zo heb ik er altijd ingestaan, hoe geweldig ik mijn baan bij de NOS ook vond. Meer wil ik er niet over zeggen.'

Zijn vrouw Toontje komt binnen. 'Kom er maar bij zitten hoor! Zeg, kon je die sint-bernardshond wel houden toen je hem moest uitlaten?' 'Nauwelijks,' lacht zijn vrouw, 'het is echt een groot beest.' Samen halen ze herinneringen op aan de Oudejaarsavond dat Siezen standby-dienst had. Met vrouw en kinderen vierde hij toen op de redactie van het *Journaal* Oud en Nieuw: 'De kinderen vonden dat natuurlijk prachtig. Overal televisies en computers, dat was een belevenis.'

Dan: 'Er is één uitzending die ik nooit zal vergeten. Het was een paar minuten voor vier, ik moest bijna de zender op om een dagjournaal te presenteren en de telefoon ging. Het was mijn zoon: "Pa, je bent opa geworden. Je hebt een kleinzoon en hij heet Harmen Reinoud, naar jou vernoemd."' Siezen en zijn vrouw schieten al die jaren later nog steeds een beetje vol als ze aan dat moment terugdenken. Een lange stilte, ontroerde stem: 'Dat was zó'n prachtig moment. Ik heb een slokje water genomen en moest de studio in. Onvergetelijk.'

Siezen stopte ermee op het moment dat hij 62 werd. 'Ik heb het met ontzettend veel plezier gedaan, het was echt een fantastische baan, maar als je 33 jaar in een strak schema werkt, is het op een goed moment wel mooi geweest.' Op de redactie zagen collega's de routinier Siezen in zijn laatste jaren, op nieuwsarme middagen, achter zijn computer geregeld een potje patience spelen. 'Ach, de nieuwigheid was er natuurlijk op een bepaald moment echt af. Vlak voor de einddatum, "de finish", zat ik dan wel eens te kaarten, of naar voetbalwedstrijden te kijken op zondagmiddag. Het was goed zo.'

Een sober afscheid wilde hij: geen poespas of anderszins. Maar het liep anders. 'Tijdens mijn laatste *Journaal* kwam Philip Freriks ineens de studio in met een bos bloemen. Ik werd er erg door overvallen. Dat hadden we niet afgesproken. Tegen de kijkers heb ik gezegd: "Dames en heren, het ga u goed." Maar ik vond die bloemen afschuwelijk. Ik was er echt kwaad over. Toen ik de redactie opliep, hadden de collega's een lied ingestudeerd. Ook dat nog, dacht ik.' Thuis wachtte hem tot 'overmaat van ramp' nog een surpriseparty, georganiseerd door zijn vrouw en dochter. 'Dat vond ik achteraf stiekem toch wel een mooi gebaar. Vrienden en kennissen waren er allemaal, ik snap nu ook wel dat je zulk soort momenten niet helemaal aan je voorbij kunt laten gaan.' Zijn vrouw lacht: 'Harmen is gewoon verlegen.' Siezen, schuchter: 'Dat denk ik ook.'

Het nieuwsgevoel zakt inmiddels steeds verder weg. 'Ik heb het *Journaal* echt geen seconde meer gemist. Ik vond het heerlijk dat ik er vanaf was.' Zijn vrouw glimlachend vanuit de keuken: 'Harmen wil meestal het *Achtuurjournaal* niet eens meer zien. Ik wel. Dan zeg ik tegen hem: "Ik heb al die jaren met je meegekeken, het is vaste routine voor me geworden." Siezen, nuchter: 'Je weet zo goed wat er allemaal komt, hè. Jarenlang openden we elke zondagavond als er geen groot nieuws was om acht uur met Israël. Als ik nu het eerste onderwerp zie, weet ik al hoe laat het is.' Afkeer van het *Journaal* is het niet, hij neemt wel een 'toenemend gebrek aan vakmanschap' waar. 'Het wordt allemaal zo opgeklopt, veel incidentenjournalistiek en een overkill aan rechtbankonderwerpen. Siezen leest liever de krant. 'Als we in Zeeland zijn, fiets ik elke dag 6 kilometer naar Brouwershaven om bij de sigarenboer een *NRC Handelsblad* te halen.'

Tijdens en na het *NOS Journaal* presenteerde Siezen ook twaalf jaar de *Nationale Nieuwsquiz* voor de NCRV. 'Dat vond ik een feest om te doen. Bij het *Journaal* was elke seconde gepland, hier niet. Beetje dollen, losse toon, wel echt mijn ding.' Toen Siezen druiven stond te plukken op 'de grootste wijnboerderij van Nederland' werd hem per telefoon meegedeeld: "Harmen, het is afgelopen met de *Nieuwsquiz*. Het spijt ons, Harm Edens gaat het voortaan doen." 'Dat was wel even een klap in mijn gezicht. Ik had het graag nog langer gedaan. Maar de nieuwe "marketing-juf" wilde het ineens allemaal anders.'

Tegenwoordig doet Siezen bijna geen televisieklussen meer. 'Ik word nog wel gebeld, maar ik heb er geen zin meer in.' Hij pakt een foto van zijn huisje in Zeeland. 'Wij zijn daar zeker 25 weken per jaar. Soms komt er in dagen helemaal niemand voorbij. We zitten daar echt in de *middle of nowhere*. Mijn vrouw en ik samen, twee Zeeuwen in de wijde akkers. Met klompen en overall aan, beetje in de tuin werken. Mijn vrouw heeft groene vingers, ik niet, maar ik help haar hier en daar. Dan ben ik heel gelukkig. Ik hoef niet meer op tv. Als de volgende generatie me vergeten is, vind ik het ook goed.'

Hoofdstuk 6

'Ik werd omschreven als het "toetje van het Journaal"'

Eugènie Herlaar (1939)

anchor 1965-1969

'Het *NOS Journaal* had in mijn tijd een eigen vliegtuigje. We vlogen er het hele land mee door. Anders kwam er nooit een uitzending. Alles was nog op film, het omzetten duurde eeuwig. In de lucht grapte de piloot steevast: "Eugènie, ik moet even mijn neus snuiten, houd jij de stuurknuppel even vast?" Prachtig vond de 25-jarige avonturierster Eugènie Herlaar het *Journaal*-werk midden jaren 60: rondvliegen boven Nederland, reportages maken en nieuwslezen: 'Het was echt iets voor mij. Ik hield van het nieuws en was altijd in voor dingen die anderen nog nooit hadden gedaan.'

'Het toetje van het *Journaal*,' zo omschreef de *Haagsche Courant* haar in 1965 , toen ze net begon bij het *Journaal*. Ze lacht er hartelijk om. 'Het is nu ondenkbaar dat een krant zo over een presentatrice zou schrijven, maar het tekent de tijd, Nederland moest nog wennen aan een vrouw op zo'n positie.'

De woonkamer van Eugènie Herlaar, 'de Sacha de Boer van de jaren 60', in Heerhugowaard staat vol met schilderijen van eigen hand. 'Binnenkort heb ik weer een expositie. Daar wil ik nog een schilderij voor maken. Dan zet ik in mijn agenda: "Afspraak met mezelf", want anders komt het er gewoon niet van. Herlaar is 73 en nog steeds een verschijning. Smaakvol gekleed, opvallende sieraden. 'Die maak ik allemaal zelf.' De levenslust straalt van haar af. Een creatieve duizendpoot, die haar hand niet omdraait voor een 40-urige werkweek. 'Ik slaap maar 6 uur per nacht, heb energie voor 10.' Herlaar bekleedde de afgelopen dertig jaar zeker tien vrijwillige bestuursfuncties. 'Ik zit mijn hele leven al in allerlei besturen. Dat heb ik meegekregen van mijn ouders, die waren ook zeer betrokken.' Daarnaast schrijft ze verhalen en gedichten, presenteert modeshows en begeleidt jonge kunstenaars. Herlaar wordt een enkele keer ook nog gevraagd voor bijzondere klussen. Zo was ze twee jaar geleden ceremoniemeester bij de onthulling van het herdenkingsmonument voor de slachtoffers van het Koninginnedagdrama in Apeldoorn.

Een veelzijdige dame – 'ik ben tegenwoordig ZZP'er' – die veel te danken heeft aan haar tijd als nieuwslezer bij het *NOS Journaal*. Herlaar werd in de zomer van 1965 op slag beroemd in heel Nederland. Ze was de allereerste vrouwelijke presentator van een nieuwsprogramma op televisie. Een unicum, opzienbarend in alle opzichten, want nooit eerder kreeg een vrouw zo'n kans. Ze werd onbedoeld het boegbeeld van het opkomende feminisme. 'Ik was me nauwelijks bewust van het feit dat ik iets doorbroken had. Ik werd gezien als een soort eigentijdse suffragette, een voorvechtster van de rechten van de vrouw. Vrouwelijke collega's hoopten dat mijn benoeming ook gevolgen had voor andere vrouwen.'

Eugènie Herlaar stapte zelf op het *Journaal* af toen ze bij de Wereldomroep werkte als presentator en nieuwslezer. 'In een dolle bui stuurde ik een brief aan de toenmalige hoofdredacteur met de vraag hoe het toch kon dat er geen enkele vrouwenstem in het *Journaal* te horen was. In die tijd werden reportages van modeshows, de nieuwste haarmode of de Huishoudbeurs door de mannelijke verslaggevers ingesproken. Dat vond ik belachelijk, daar moest een vrouwenstem onder.'

Ze pakt een plakboek: 'Kijk, hier heb ik nog de brief die de hoofdredacteur terugschreef. "Wij vinden een vrouwenstem wel gewenst, maar ze zijn niet voorhanden. Derhalve willen wij u graag uitnodigen voor een spreektest."'

Dan, vrolijk: 'Ik begon met het inspreken van teksten, mocht nog niet in beeld. Ze wilden eerst afwachten wat de reactie van het publiek zou zijn op een vrouwelijke commentaarstem. In Groot-Brittannië was een experiment met vrouwelijke nieuwslezers grandioos mislukt. Die hadden voor de Britse kijker niet dezelfde autoriteit als hun mannelijke collega's. Ze slaagden er namelijk niet altijd in om hun emoties in bedwang te houden. Konden ze dat wel, werden ze juist te koud en kil bevonden. Onvoorstelbaar, hè? Dat er zo'n ophef werd gemaakt over een vrouwelijke nieuwspresentator.' Herlaar pakt er een krantenartikel uit die tijd bij en citeert op enigszins cynische toon: "En daarom heeft Eugènie recht op morele steun, omdat zij een uitermate moeilijke en delicate taak op zich neemt."'

De jonge 'mejuffrouw Herlaar' trok zich er weinig van aan toen ze zonder enige schroom en vol zelfvertrouwen de burelen van het *Journaal* betrad. Kranten en tijdschriften stonden bol van deze mooie, jonge en exotische vrouw, die perfect Nederlands sprak. Geleerd op Curaçao, het eiland waar Herlaar op 10 november 1939 werd geboren en tot haar achtste woonde. 'Ik kon als kind al heel goed voorlezen, in accentloos Nederlands. Bij wedstrijden in de klas wie dat het langst foutloos kon, won ik altijd.'

Op 4-jarige leeftijd was de kleine, ondernemende Eugènie al te horen in een kinderprogramma op de Curaçaose radio. 'Ik heb een fantastische jeugd gehad, wij werden thuis overal in gestimuleerd. Mijn vader werkte in de crisisjarendertig bij Shell op Curaçao. Ik was een echt buitenkind en hield net als hij van techniek. Elk vrij uurtje lag ik met hem te sleutelen onder de auto; hij was degene die me heeft aangespoord om een technische opleiding af te ronden. Pas op mijn achttiende vertelde mijn moeder dat hij niet mijn echte vader was. Ik wist alleen maar uit te brengen: "Wat heeft hij dan vreselijk veel van mij gehouden."'

Via een baan bij Shell 'zat ik daar als enige vrouw tussen mannelijke seismologen', waar ze ook nog even gediplomeerd brandweervrouw werd, verkoos Herlaar toch het creatieve boven het technische. Geen vreemde keuze. Als puber zat ze al bij Minjon, de jeugdafdeling van de AVRO, en later werkte ze als vrijwilliger bij de ziekenomroep in Baarn en speelde amateurtoneel. Ze werd aangenomen bij de Wereldomroep. 'Daar presenteerde ik muziekprogramma's en las ik ook het nieuws, het was een hele leerzame tijd. Bij het *Journaal* heb ik me verder verbreed.'

De kersverse televisieverslaggeefster liep in haar begintijd mee met de 'gearriveerde jongens' als Fred Emmer, Pim Reintjes en Jan Gerritsen. Het was de tijd dat een minister nog werd aangesproken met 'Excellentie'. Ze oogstte bewondering en verbazing op persconferenties, zelfs van de excellenties: 'Joseph Luns, hij was toen nog minister van Buitenlandse Zaken, gaf een persconferentie op luchthaven Schiphol. Ik zag hem wel telkens naar me kijken, want ik schreef niets op. Mijn collega, die hem ging interviewen, stelde me aan hem voor. Toen gaf Luns me een

handkus! Ik was totaal verbouwereerd. Hij zei: "Wat leuk, mejuffrouw Herlaar, ik zal u dan nog wel vaker zien."'

Het publiek raakte snel gewend aan de vrouw met de fluwelen stem. *De Haagsche Courant* vond haar: 'Een prettige verschijning bij u thuis.' Herlaar, stoïcijns: 'Ik moest het vak nog leren, maar de "verslaggeverij" vond ik meteen heel erg interessant. Vooral als het ergens over ging. Met reportages over 'de eerste keer buitengymnastiek van de Bloemendaalse huisvrouwen' had ik wat minder, al stond ik in beeld wel gewoon mee te doen.' Ze lacht, somt op: 'De restauratie van de Martinitoren in Groningen, de opening van het mosselseizoen, een ontploffing in een kruitfabriek in Naarden. Wat niet eigenlijk?' En, een historische gebeurtenis in Nederland: de eerste file: 'Er waren autoraces in Zandvoort en daar kwamen tienduizenden mensen op af. Op de snelweg stonden lange rijen auto's uren stil op de snelweg. Ik moest er een reportage over maken. Stomverbaasde mensen keken in de berm hun ogen uit en daar stond ook een jongetje tussen met een enorme snottebel. Dat vond ik een leuk tussenshot. Nou, dat heb ik geweten: na de uitzending kreeg ik een uitbrander van de toenmalige hoofdredacteur. Hij vond dat jongetje met die snottebel ongehoord. Boos riep hij: "Maar mejuffrouw Herlaar, hoe denkt u wel dat dat kind op school gepest gaat worden?" Ik antwoordde: "Maar dat leek me wel aardig tussen al dat blik."'

Eugènie Herlaar verschanste zich in april 1967 ook met een cameraman dagenlang in het cafeetje tegenover kasteel Drakensteyn, waar de hoogzwangere prinses Beatrix woonde. 'Dat waren hele spannende dagen. Maar ik had pech, juist toen ik vrij was, werd Willem-Alexander geboren.'

Elke dag was ze op reportage en één keer per week las

ze het nieuws. 'Dat zag ik als een lekkere rustige dag. Dan begon ik 's middags om twee uur met een redactievergadering, daarna werkten we aan de teksten. Aan het einde van de middag kwamen de reportages van de collega's op film binnen. Met de filmblikken onder de arm gingen we dan in de auto naar de uitzendstudio. Dat was altijd een hele onderneming. We kwamen ook wel eens te laat voor de uitzending door mist of gladheid.'

Ze bladert door haar plakboeken, hele stapels heeft ze er. Vergeelde artikelen, met zwart-witfoto's, geven haar hele carrière weer, al is het grootste deel gevuld met krantenberichten uit haar *Journaal*-tijd. 'Kijk, toen kregen we dat vreselijke blokjesdecor, dat vónd ik lelijk! De aanzeggers van het nieuws werden we toen genoemd.'

Dat ze een van de weinige vrouwen was in een mannenwereld, heeft Herlaar nooit als een probleem ervaren: 'Dat speelde geen enkele rol op de redactie. Er waren wel meer vrouwen, zoals een bureauredactrice en een enkele regieassistente. Maar ik heb altijd veel met mannen gewerkt. Bij Shell, de bedrijfsbrandweer, en in de meeste besturen waarin ik later plaatsnam, zaten alleen mannen. Toen ik nog bij Shell werkte, kwam ik wel eens op de typekamer en dan hoorde ik al dat gekwek van die vrouwen: níks voor mij. Mannen zijn wat meer no-nonsense, dat vind ik wel prettig.'

Haar carrière verliep goed tot ze in 1967 in verwachting raakte: 'Als je kinderen kreeg, werd je geacht "achter het aanrecht te verdwijnen". Dat kunnen de jonge moderne moeders zich nu niet meer voorstellen misschien, maar het was écht zo. Ik moest in elk geval uit vaste dienst.' Maar de vooruitstrevende Herlaar werd na de geboorte van haar baby door het *Journaal* toch nog af en toe gevraagd om freelance het *Achtuurjournaal* te presenteren:

'Als ik geen oppas had, ging mijn dochter in de reiswieg gewoon mee naar de redactie. Ze sliep toch de hele tijd en als ik naar de studio ging om te presenteren zei ik: "Wie let er even op Annemieke, ik ben zo terug."' Maar na de geboorte van haar tweede kind hield het *Journaal*-werk helemaal op. Tot grote spijt van Eugènie Herlaar, die het moederschap graag met het nieuwslezen wilde combineren. 'Ik liep thuis echt tegen de muren op. Natuurlijk was ik blij met mijn kinderen, maar ik miste de dynamiek van het werk. Ik was de hele dag alleen maar aan het huilen. Ik kreeg zelfs valium van mijn huisarts. Op een bepaald moment zei hij tegen me: "Eugènie, je moet die televisie vergeten, zoek maar een andere invulling van je leven. Ik geef je geen valium meer." Ik ging huilend naar huis.' Ze ging logopedie studeren – 'ik moest toch wát' – en werkte een paar jaar in een tehuis met geestelijk gehandicapte kinderen. 'Dat was heel confronterend, ik ben er snel weer mee gestopt.' Toen het *Achtuurjournaal* in 1975 overging op duopresentatie, werd Herlaar, inmiddels als freelancer werkzaam voor andere televisieomroepen, teruggevraagd. 'Ik was heel blij met dat telefoontje. Ik had het nieuwslezen heel erg gemist en ik ging terug naar mijn oude droom. Het was echt genieten om iedereen weer te zien die ik nog kende.'

Herlaar werd een vast duo met nieuwslezer Harmen Siezen. Een kort experiment van het *NOS Journaal*. 'Dat was ook wel lachen, hoor. We moesten om de beurt een tekst lezen. Als er een filmpje liep, gebeurde het wel eens dat Harmen Siezen een mop vertelde. Iedereen lag dubbel en dan moest ik daarna met een stalen gezicht nog een bericht lezen. De sfeer was heel gemoedelijk. Onderlinge jaloezie was er niet en de presentatie werd langzaamaan wat losser. In mijn eerste jaren zaten we allemaal bloedserieus objectief te wezen.'

Haar Curaçaose afkomst heeft nooit voor discussies gezorgd, maar in 1975, tijdens de Molukse kaping, kreeg ze er één brief over. Ze zoekt in haar plakboeken naar de bewuste brief en leest: "Je behoeft niet zo te schreeuwen voor het scherm, alsof je denkt dat je stomdove mensen voor je hebt, of dat heel Nederland je toebehoort. Donder maar vlug op naar het land waar je thuishoort."'

Ze schaterlacht: 'Nee, dat deed me niks, echt niet. Later, Nederland was inmiddels multicultureler geworden, vond men het *NOS Journaal* veel te wit. Ze wilden iemand erbij die kleurrijk was en dat ook liet horen. Dat werd Noraly Beyer. Maar in mijn tijd heeft het nooit een rol gespeeld.'

In haar hoogtijdagen bij het *Journaal*, toen íédereen over haar sprak, werd ze vaak herkend. 'Niet iedereen had al televisie, dus als mensen je dan op straat zagen, was dat heel wat.' De consequentie van het bekend-zijn, was dat Eugènie Herlaar nergens kon komen zonder dat mensen naar haar toe kwamen. 'Als ik in de trein zat, las ik altijd een boek. Maar er liep altijd wel iemand langs die een hand op mijn arm legde, met als excuus: "Dan kan ik thuis zeggen dat ik u heb aangeraakt." Het bekend-zijn had wel tot gevolg dat ik niemand meer aankeek. Ik keek langs de mensen heen, anders was het niet te doen.'

De moord op John F. Kennedy, een van de belangrijkste nieuwsgebeurtenissen van de vorige eeuw, vond plaats toen Herlaar nog bij de Wereldomroep werkte. 'Het ging heel raar. Ik was aan het presenteren en ineens werd er een briefje onder mijn neus gedrukt met de woorden: "Kennedy is dood. Let op, er komen zo berichten." Ik dacht echt dat ik in de maling werd genomen en moest er een beetje om lachen. Ik belde naar de redactie en riep: "Als je nu had gezegd dat Soekarno was vermoord, had ik je geloofd. Maar Kennedy?" De redacteur zei dat het écht zo was. Ik was geschokt, hoe kon dit? Kennedy, de man die de wereldvrede in stand hield, vermóórd? Je zou het kunnen vergelijken met de aanslagen op 11 september in New York, het was heel angstig. Ik moest het nieuws brengen, collega's liepen in en uit met de laatste berichten. Je zoekt elkaar verbijsterd op. Eigenlijk heb ik daarna nooit meer zo'n groot historisch nieuwsmoment meegemaakt.'

Geschokt of niet, ze bleef professioneel: 'In de uitzending draai je een knop om, je moet wel, je bent aan het werk. Er komt dan zoveel op je af. Soms dringt pas later tot je door wat je eigenlijk hebt gezegd.' Ze zou zich best kunnen voorstellen dat latere nieuwslezers veel meer geraakt werden door het nieuws. 'Zij hadden de wereld veel meer in beeld. Dat hádden wij niet. Je las over aanslagen in de krant, maar we zagen de beelden niet. Nu schiet je bij wijze van spreke mee in een oorlog. Laatst, bij die tsunami in Japan, zat ik te trillen op mijn stoel. In onze tijd was het veel rustiger, denk ik wel eens. Nu raak je bijna afgestompt door alle ellende. Interesse in het nieuws heeft Herlaar tot op de dag van vandaag: 'Ik baalde vroeger als er groot nieuws was en ik geen dienst had. Dat heeft nog heel lang geduurd, ook toen ik allang niet meer bij het *Journaal* werkte. Ik kijk nog elke avond naar het *Achtuurjournaal*. Dat zit er gewoon ingebakken.'

De telefoon gaat, er volgt een gesprek over een kunstproject in Groningen. 'Ja, ik ben er bij, spreek je snel.' Excuserend: 'Ik word vaak gebeld voor alle projecten waar ik mee bezig ben. Weet je wat ik nog vergat te vertellen? Ik treed tegenwoordig ook op als *storyteller*, ik heb nu een meisje van 16 gevonden die me begeleidt op harp, zo leuk.' Herlaar is lid van de fameuze Media Meiden Club, de vereniging van (oud-)televisiepresentatrices.

'Henny Stoel en Noraly Beyer zitten er ook bij, heel gezellig. Ik denk wel dat we bij een volgend uitje even het nieuwe decor van het *Achtuurjournaal* zullen doornemen.' Ze trekt een gezicht: 'Als ik eerlijk mag zijn? Laat ze maar weer rustig gaan zitten, de rest is al druk genoeg. Kopje soep?' En weg is ze al, naar de tuin voor verse kruiden. Vanuit de keuken: 'Ik maak ook nog sieraden, schrijf me blauw aan persberichten voor allerlei stichtingen, en wist je dat ik ook nog bondsjurylid ben geweest voor het aangespannen paard? '

Nee, het vuur in Eugènie Herlaar is nog lang niet gedoofd.

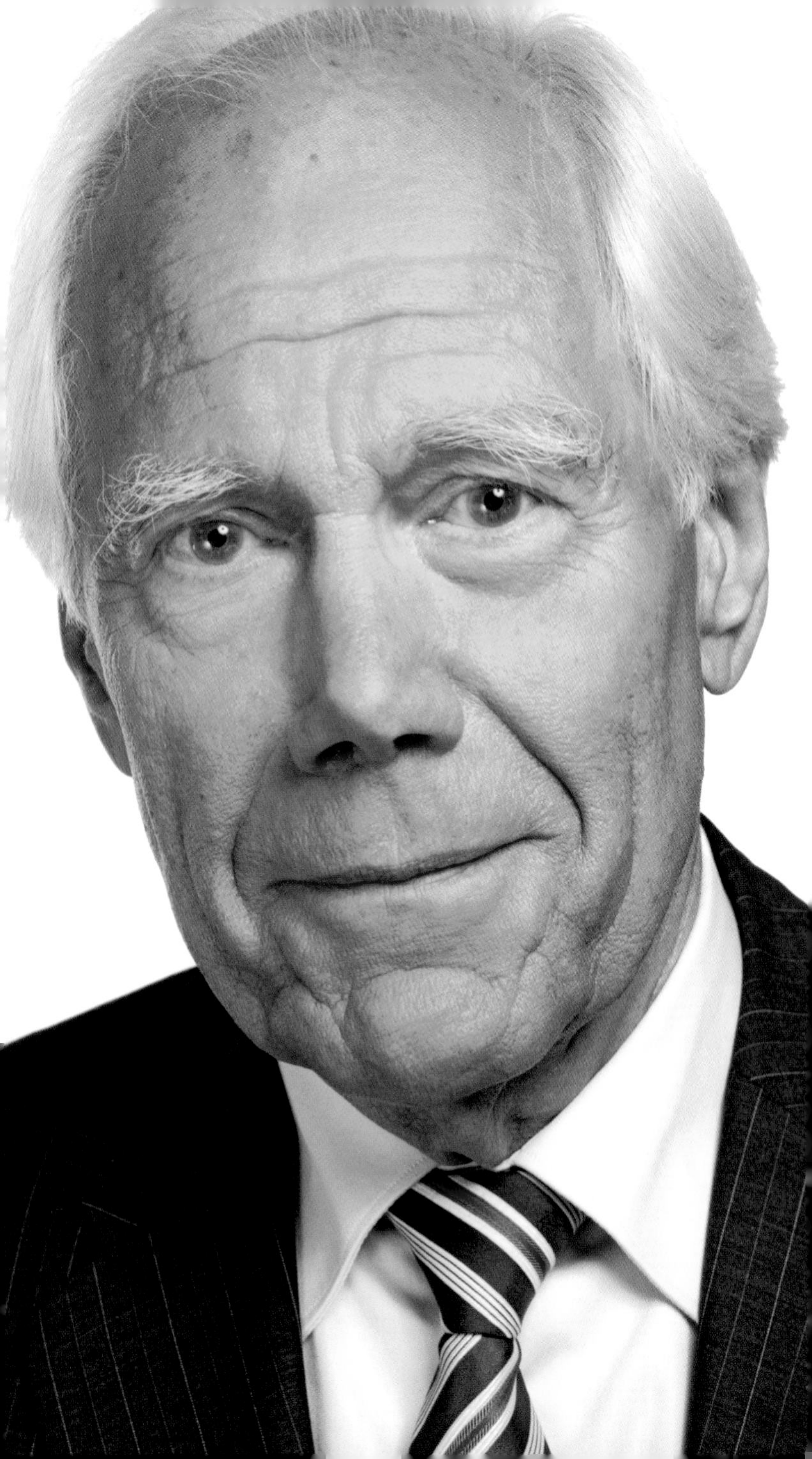

Hoofdstuk 7

'Ik moet er niet aan denken dat er niets anders meer rest dan het biljart'

Eef Brouwers (1939)

anchor 1973-1977

'Kijk, dat is de man van de koningin,' heb ik iemand wel eens horen fluisteren terwijl ik langsliep. Dat is de allergrappigste opmerking die ooit over me is gemaakt. Maar er werden natuurlijk ook minder flatteuze dingen over me gezegd.' Zoals door de vermoorde columnist Theo van Gogh, die hem ooit omschreef als 'een babbelende gloeilamp die het vaderlandse journaille weer eens een lulverhaal op de mouw spelde.' Wát een zak! dacht ik toen ik het las. Maar later zag ik de lol er wel van in.' Grijnzend gooit hij er de eerste van zijn fameuze 'Brouweriaanse' uitspraken uit: 'Ik heb een denkbeeldige oliejas aan, waarlangs vervelende opmerkingen als waterdruppels afglijden.'

Het is een regenachtige maandagochtend. In het Eindhovense Stadspaviljoen – de 'huiskamer van veel *captains of industry*' – begroet Eef Brouwers amicaal de eigenaar. Hij komt hier duidelijk vaker: 'Ze hebben hier niet te evenaren saté.' Oudere kijkers herinneren zich Brouwers nog als de 'gedegen en gedistingeerde *Journaal*-presentator met het sonore stemgeluid'. Voor de meeste Nederlanders was hij echter jarenlang 'de deftige man die op televisie altijd schuin achter de koningin stond'. Want waar voor veel anchors het presenteren van het *Achtuurjournaal* vaak de start was van een lange, journalistieke loopbaan, was het voor Brouwers juist zijn laatste baan als televisiepresentator. Na het hoofdredacteurschap van het *Nieuwsblad van het Noorden* werd hij perswoordvoerder voor diverse Philipstopmannen en van 1995 tot begin 2004 was hij als opperbaas van de Rijksvoorlichtingsdienst (RVD) de spreekbuis van de minister-president en het Koninklijk Huis. Glimlachend: 'En dat voor zo'n verlegen ventje.'

Hij is een geboren verteller – 'geërfd van mijn vader' – en heeft vele verhalen en anekdotes over zijn 'prachtige tijd bij het *NOS Journaal*'. Over de aantijgingen vanuit rechterzijde dat het *Journaal* vooral bestond uit 'linkse rakkers', bijvoorbeeld. 'Ik moest een keer naar een VVD-bijeenkomst in Assen. Ik droeg een rode das; voor de aanwezigen daar hét bewijs voor het linkse *Journaal*-complot. Dat vond ik zo'n onzin.' Lacht: 'Een rode das? Mijn vader zou zich omdraaien in zijn graf, als telg uit een boerenfamilie.' Brouwers werd in 1939 geboren in Zwolle en groeide op in Groningen. Zijn vader werkte bij een krantenbedrijf en de jonge Eef hing elke dag aan zijn lippen als hij thuiskwam. 'Mijn vader leerde me hoe ik een krant moest lezen. Zo raakte ik al jong in de ban van het nieuws.' Op 17-jarige leeftijd begon Brouwers als leerling-verslaggever, eenmaal aangenomen als verslaggever van het *Nieuwsblad van het Noorden* zwierf hij alle noordelijke provincies door. Via *AVRO's Radiojournaal* en het sportprogramma *Langs de Lijn* maakte hij in de jaren 60 zijn debuut op televisie; als presentator van *Studio Sport*. Eind 1972 werd hij aangenomen als anchor van het *Achtuurjournaal*. Maar vlak voor zijn eerste werkdag daar, sloeg het noodlot toe. Het was zondag 10 december 1972. Brouwers was bezig met de voorbereidingen voor de uitzending van *Studio Sport*, toen de telefoon ging. 'Een collega nam op en gaf met een lijkbleek gezicht de hoorn aan mij. Het was mijn vrouw. Het enige dat ze kon uitbrengen, was: "Pappie is dood, je ouders zijn dood. Je moet nu thuiskomen." Na al die jaren raakt hij nog steeds geëmotioneerd: 'Mijn ouders en schoonouders zijn met de auto vanuit Groningen op de tweebaansweg tussen Pesse en Meppel frontaal op een tegenligger gebotst. Ze waren op weg naar ons huis in Hoevelaken voor de verjaardag van onze dochter. Mijn ouders en schoonvader overleefden het ongeluk niet. Ook het echtpaar uit de andere auto was op slag dood. Verschrikkelijk. Ik was ineens mijn ouders kwijt, mijn vrouw haar vader. Een maand later begon Brouwers als anchor bij het *Journaal*. Hij praat er niet vaak over, maar weet zeker: 'Mijn ouders zouden vast wel trots zijn geweest als ze me nog hadden kunnen zien als presentator van het *Achtuurjournaal*.'

Midden jaren 70 werden de nieuwslezers bij het *Journaal* vervangen door 'presentatoren die meer konden dan alleen een tekst voorlezen'. Het moest journalistieker, kritischer, gedurfder. Brouwers werd door de hoofdredacteur gezien als een van hen, naast Joop van Zijl en Rien Huizing. Het toeval wilde dat hij het was die in 1976 tijdens een *Journaal*-uitzending wereldkundig maakte dat prins Bernhard steekpenningen had aangenomen van de Amerikaanse vliegtuigbouwer Lockheed. 'Ik zie mezelf nog zitten, het was een nogal uitzonderlijke situatie.' Jaren later zou hij geregeld met diezelfde prins het glas heffen. Formuleert zorgvuldig – hier spreekt duidelijk de oud-RVD'er: 'Of ik er ooit nog met hem over gesproken heb? Ik geloof het niet.'

'Een kwetsbare positie' vindt Brouwers presentator van het *Journaal* zijn. 'Wanneer ik na de uitzending naar huis reed, vroeg ik me geregeld af: Potverdikke, heb ik dat nu wel goed gedaan? Ik keek ook vaak een uitzending van mezelf terug. Technisch ging er nog wel eens wat fout. Dan zit je daar als een standbeeld op de televisie. Je kunt

niets anders doen dan de fouten proberen op te vangen, maar dat lukt niet altijd. Volgens oud-collega Joop van Zijl zou ik van woede wel eens een schrijfmachine door de ruit hebben gegooid.' Peinzend: 'Gek genoeg kan ík me dat helemaal niet meer herinneren.' Dan breed lachend: 'Maar misschien heeft Joop me wel in de maling genomen, dat deed hij graag.'

De routinier Brouwers had zo zijn vaste rituelen voordat hij 'op zender' ging. 'Ik móést een pepermuntje op zak hebben. Noem het bijgeloof, maar ik was daar kennelijk gevoelig voor. Ik had een aantal keren goed gepresenteerd nadat ik eerst een pepermuntje had genomen. Vanaf dat moment hield ik me daar aan vast.' Lachend: 'Ik zal het merk niet noemen, maar het heeft met mijn latere functie te maken. Ik deed ook altijd bij binnenkomst op de redactie meteen mijn stropdas om, dan kon ik vast wennen aan dat knellende gevoel. Vergat ik het een keer, dan voelde ik dat ding de hele uitzending door.'

Brouwers maakte ook reportages voor het *Journaal*. 'Een heerlijke krent in de dagelijkse nieuwsbrij.' In 1975 deed hij verslag van de treinkaping door jonge Zuid-Molukkers bij het Drentse Wijster. 'Ik kende die regio heel goed uit de tijd dat ik bij het *Nieuwsblad van het Noorden* werkte. Die kaping raakte me persoonlijk ook, omdat mijn oude hoofdredacteur van die krant, Ger Vaders, een van de gijzelaars was. Tijdens de drie weken dat hij in die trein zat, heeft hij op allerlei stukjes papier een dagboek bijgehouden. Op de zondag dat hij vrijkwam, heb ik hem direct gebeld voor een interview. 90 seconden bleven daarvan over in het *Journaal*. Frustrerend weinig.'

'Achteraf wel grappig' vindt hij dat hij als verslaggever ook wel eens met leden van het Koninklijk Huis meeging op staatsbezoek. 'Zo heb ik, ik geloof dat het Ivoorkust of

Liberia was, nog eens met prins Claus op een stoepje een biertje gedronken. Ik heb daar later, toen ik bij de RVD werkte, nog wel eens met de prins over gesproken.' Er ontstond een bijzondere band tussen de prins en Brouwers. 'We lagen elkaar wel.' Met koningin Beatrix had hij een goede verstandhouding: 'Zij is alert en bijzonder scherp.' En cryptisch Brouweriaans: 'Ze proeft snel de waarde van de woorden en weegt de stilten daar tussen.' Humoristisch dus? 'Dat is ze zeker ook.' En ja, hij besprak ook moeilijke zaken. 'Je kunt heel veel tegen haar zeggen, maar dat moet je wel op de juiste plek, het juiste moment en in het juiste gezelschap doen.'

'Eef Brouwers heeft succes in alles wat hij doet', 'Een goudhaantje', 'Een mix van diplomatie en geheimzinnigheid'. Met zulke kwalificaties mag het geen wonder heten dat hem op 55-jarige leeftijd, 'de meeste mensen zijn dan al lang aan het afbouwen', werd gevraagd om hoofddirecteur van de RVD te worden. Alhoewel hij daar zelf anders over dacht: 'Mijn mond viel open van verbazing.' Rasverteller Brouwers legt zijn woorden op een weegschaal zodra het over zijn baan bij de RVD gaat; een erfenis uit de tijd dat hij dat 24 uur per dag moest doen. 'Ik kan me voorstellen dat ik door sommige journalisten "de koning van het afhouden" werd genoemd. Maar vergis je niet, het waren nogal roerige tijden voor de koninklijke familie. De oudste zonen van de koningin en prinses Margriet werden verliefd, gingen zich verloven en trouwen. Prins Claus overleed.' En niet te vergeten: het waren de jaren dat het ene na het andere schandaal de koninklijke familie teisterde. De vader van Máxima met zijn politieke verleden als lid van de Argentijnse junta. Prinses Margarita die uit de school klapte en haar hele familie door het slijk haalde en zelfs Brouwers beschuldigde van afluisterpraktijken. Prins Friso's verloofde Mabel Wisse

Smit die een relatie met topcrimineel Klaas Bruinsma zou hebben gehad. Brouwers had er zijn handen vol aan.

Wat het extra moeilijk maakte: ook RVD-baas Brouwers was niet altijd op de hoogte van wat zich precies binnen de koninklijke familie afspeelde. 'Natuurlijk word je niet altijd alles verteld. Maar je hoort en ziet wel dingen. Bij hele delicate kwesties voer je overleg met de familie. Het is werken onder hoogspanning, je moet continu balanceren; wat valt onder de ministeriële verantwoordelijkheid van de minister-president en wat valt onder de privacy van de koninklijke familie; wat kun je wel en niet naar buiten brengen.' De ontelbare gesprekken, *ins* en *outs* van de affaires: ze kwamen vaak niet verder dan hemzelf. 'Zo'n baan is wel een aanslag op je persoonlijke leven. Thuis kan je ook niets zeggen, omdat ik wilde voorkomen dat iemand per ongeluk z'n mond voorbijpraat. Toen prinses Máxima vertelde dat ze zwanger was, heb ik dat, geloof ik, pas aan mijn vrouw verteld toen het officiële bericht naar buiten ging. Het betekende ook dat ik, als ik werktelefoontjes thuis kreeg, ervoor moest zorgen dat er niemand bij was. Deuren dicht dus, de enige manier om fouten uit te sluiten.'

Als hoofd van de RVD had Brouwers een korte lijn met het *NOS Journaal*: 'Door andere media werd mij wel eens verweten dat de NOS het nieuws eerder kreeg omdat ik er zelf ooit voor gewerkt had, maar dat was niet zo. Met jongens van RTL kon ik ook prima overweg. Sommigen kende ik nog als collega uit mijn eigen journalistieke jaren. Als er heel groot nieuws was, waarvan je wist dat het zou leiden tot een lange rechtstreekse uitzending met veel technische voorbereidingen, dan ontkwam ik er niet aan om de NOS te waarschuwen dat ze paraat moesten staan. Ik liet dan bijvoorbeeld weten 'dat het niet helemaal uit te sluiten was dat er iets aanstaande zou kunnen zijn'. Dan wist die persoon dat hij alert moest zijn. Dat waren hele spannende momenten. Je nam mensen toch in vertrouwen.' Het leidde bij de koninklijke familie wel eens tot onbegrip. 'Maar ik bleef bij mijn standpunt, want ik wist dat het nodig was. Dat moest met moed, zorg en beleid.'

Hectisch en vooral een slijtageslag noemt hij de aanloop naar de verloving tussen prins Willem Alexander en de Argentijnse Máxima Zorreguieta. 'De verloving werd tijdens een rechtstreekse televisie-uitzending bekendgemaakt. De aansluitende persconferentie was een uitermate spannend moment, gezien de gevoeligheden rondom het politieke verleden van Máxima's vader.' Op z'n Brouweriaans: 'Dan moet je opereren met de behoedzaamheid die je vanuit de moederschoot hebt meegekregen.' Heel Nederland keek mee. Brouwers lachend: 'Kijk, deze foto stond toen in *de Volkskrant*. Je ziet het, ik sta de boel weer te regelen.' Brouwers kwam samen met het stel binnen. 'We hadden honderden mogelijke vragen voorbereid. Want je weet nooit helemaal precies waar journalisten mee komen. Achteraf was ik verbijsterd hoe weinig er werd doorgevraagd. We hadden ons voorbereid op heel wat moeilijker vragen.' Perfect geregisseerd door Brouwers en zijn club was ook dat de journalisten die eerst de persconferentie van premier Kok bijwoonden, niet meteen daarna konden aanschuiven bij de latere persconferentie van het verloofde paar. Kok maakte bekend dat Jorge Zorreguieta niet bij het huwelijk van zijn dochter zou zijn. 'Om veiligheidredenen kon dat niet,' verklaart Brouwers stoïcijns. Insiders wisten wel beter; hij legde hiermee waarschijnlijk een extra cordon om ingewikkelde en pijnlijke vragen voor Máxima te voorkomen. 'Máxima deed het fantastisch, ze wond iedereen om haar vinger. Ik keek samen met prins Claus en de koningin door het raam toen

het verloofde stel buiten werd toegejuicht. Prins Claus was duidelijk opgelucht dat Máxima er ongeschonden uit was gekomen. Hij sprak toen de woorden: "Zullen wij dan nog maar een mooi glaasje nemen?" Ik kreeg er een sigaartje bij en hoewel ik helemaal niet rookte, stak ik hem toch maar op, zo blij was ik voor prins Claus.'

Begin 2004 stopte hij bij de RVD. Op zijn afscheidsreceptie omschreef premier Balkenende Brouwers' baan als 'een hondenbaan waarvoor je het plichtsgevoel moet hebben van een sint bernhard, de betrouwbaarheid van een Duitse herder en de volharding van een terriër.' Brouwers, inmiddels aan een sneetje brood met een Eindhovens gehaktballetje: 'Dat was wel een goede beschrijving, denk ik. Laatst hoorde ik Wim Kok op de radio vertellen: "Met Eef kon je lachen, hij brak vaak het ijs, maar als er iets zeer vertrouwelijks speelde, was hij betrouwbaarder dan de *Bank of England*."' Grijnzend: 'Vóór de bankencrisis gold dat als zeer betrouwbaar.'

Nog even terug naar prins Bernhard met wie Brouwers wel eens een 'goed glas dronk'. Wist Brouwers van de negen geheime en zeer openhartige gesprekken die *de Volkskrant* met hem voerde, waarin hij onder andere toegaf twee buitenechtelijke dochters te hebben? Diplomatiek: 'Je hebt ogen en je hebt oren en die vangen wel eens wat op.' Brouweriaans voor: 'Ja, ik wist dat de journalisten er kwamen'. 'Ik ging er vanuit dat dit op enig moment wel tot publicatie zou leiden. Maar ondanks vragen hierover, is mij door de prins nooit verteld wat exact de bedoeling was. Het liet me niet los, ik kon alleen tegen bepaalde mensen zeggen: "Er is iets gaande wat me niet bevalt, er is alleen geen vinger achter te krijgen." Soms kun je niets doen behalve er rekening mee te houden. Pieter Broertjes, de hoofdredacteur van *de Volkskrant*, had een persoonlijke ingang bij de prins, zijn vader was generaal geweest en kende de prins goed. Maar als bij herhaling op gerichte vragen niet wordt ingegaan, heb ik geen feiten, alleen vermoedens. Ik wist niet dat het zo'n groot verhaal zou worden, dat zo snel na zijn overlijden zou worden gepubliceerd. Toen ik het las, vroeg ik me wel af of dit écht de bedoeling van de prins is geweest. Maar ik weet het niet, ik was er niet bij. Nog altijd heb ik hierover aarzelingen. Toen de prins overleed zat ik formeel ook niet meer bij de RVD. Een week voor zijn dood ben ik nog bij hem geweest om afscheid nemen. Maar ook dat was niet het moment om nog eens te vragen of het juist was wat ik al die tijd vermoedde. Als oud-journalist neem ik het *de Volkskrant* ook niet echt kwalijk, journalistiek gezien was het een prachtverhaal, dat insloeg als een bom. Maar ik zit nog altijd met de vraag of *de Volkskrant* de prins wel goed genoeg heeft uitgelegd wat voor verhaal het zou worden. En of hij het daar mee eens was. Hemzelf kan ik het helaas niet meer vragen.'

Eef Brouwers ontspant: 'Ik kijk zo mogelijk nog elke avond naar het *NOS Achtuurjournaal.* Oude liefde roest niet: dat zit er nog steeds in. Als iemand me dan belt denk ik: We kijken toch naar het *NOS Journaal* nu, dat zou je moeten weten. Aan de nieuwe vormgeving moet ik nog steeds wennen. Ik vind het zeer afleidend allemaal. Dat de technische mogelijkheden kunnen leiden tot zeer vervelende incidenten, zoals een tijd geleden toen de Duitse bondskanselier Angela Merkel ineens een snor had door een lamel in het decor, vind ik triest. Alleen maar om de beweging er in te houden. Dat is me te gekunsteld.'

Brouwers ziet een aantal van zijn oud-NOS-collega's nog regelmatig tijdens bijeenkomsten van de 'Ouwe Jongens Club', een club van (oud) radio- en televisiepresentatoren. 'Met velen heb ik een warme vriendschapsband opgebouwd in de loop der jaren.' Één keer per jaar krijgen ze bezoek van de damesvariant: De Media Meiden, waarin ook (oud-)*Journaal*-presentatrices zitten. Traditiegetrouw komen de dames op bezoek bij de heren. Breed lachend: 'Wij gaan er vanuit dat we nog attractief genoeg zijn dat ze bij ons komen.'

Op z'n 73e is Brouwers nog steeds actief in diverse Raden van Toezicht, hij is ook bestuurslid van een aantal maatschappelijk-culturele organisaties. 'Niet iedereen hoeft precies te weten wat ik nu allemaal doe zolang ik nog niet "in de vergetelheid ben verzonken". Ik moet er niet aan denken dat er niets anders rest dan het biljart.'

Bij het weggaan groet hij het clubje goedgekapte, kaartende dames dat achter hem zat: 'Nog een fijne voortzetting, dames!' Hij krijgt een joviale glimlach. 'Tot ziens, meneer Brouwers,' roept de eigenaar. En weg is hij: Eef Brouwers *has left the building.*

Hoofdstuk 8

'Het Journaal presenteren was een adrenalineverslaving. Toen ik stopte, moest ik echt afkicken'

Pia Dijkstra (1954)

anchor 1988-2000

Het is maandagavond, iets voor achten. Pia Dijkstra, brengt nog snel even de keuken op orde na het avondeten 'dat ik sinds lange tijd weer eens zelf heb gekookt!' Het is een zeldzaamheid dat de oud-anchor lady van het *NOS Journaal* een avondje thuis is, sinds ze in de Tweede Kamer zit voor D66. 'Ik heb nog nooit zo hard gewerkt als nu, ben vaak nog tot laat op werkbezoek of in vergadering met de fractie,' zegt Dijkstra wanneer ze op de bank plaatsneemt om het *NOS Achtuurjournaal* te gaan kijken. 'De politiek heeft overigens wel raakvlakken met de journalistiek. Het voortdurend omschakelen, de tijdsdruk, de adrenaline die je ervan krijgt, het past wel bij me.'

Het *Journaal* begint, presentator Rob Trip loopt door de studio en kondigt een reportage aan: 'Ik ben blij dat ik dit niet meer hoef te doen. Ga er maar aan staan: de presentatoren moeten lopen, nadenken in welke camera ze moeten praten. Er komt in dit decor veel meer bij kijken dan in mijn tijd.'

Het grote scherm dat achter Rob Trip verschijnt, herinnert Dijkstra aan een verkiezingsuitzending die ze zelf ooit deed: 'Ik zat in een studio voor een blauw scherm waarin de uitslagen verschenen. Die kon ik helaas niet zien, maar de kijkers thuis wel. Er ging van alles mis; we waren er net mee begonnen en iedereen was vooral op de techniek gericht. Ik voelde me doodongelukkig.'

Pia Dijkstra maakte zelf drie decorwisselingen mee: 'Ik vond dat leuk, ik houd van nieuwe uitdagingen.' Ze was die presentatrice met dat blonde haar. 'Volgens kijkers zat het vaak slordig, ik kreeg in het begin heel wat kammetjes opgestuurd.'

Dijkstra werd op 9 december 1954 geboren in Franeker. Als 15-jarige was ze al zeer gefascineerd door de krantenpagina's die dagelijks aan de ruiten van het *Leeuwarder Courant*-gebouw werden gehangen. Haar vader leek de journalistiek in eerste instantie maar niks: 'Dan moet je wel een hele goeie worden, zei hij, anders is er geen droog brood mee te verdienen.' Ze koos voor een studie theologie, maar belandde uiteindelijk toch in de journalistiek. Niet bij de krant, maar bij de radio: eerst de IKON, daarna de Wereldomroep. In 1988 begon ze bij het *NOS Journaal*. Daar was toenmalig hoofdredacteur Gerard van der Wulp net begonnen met het doorvoeren van een aantal veranderingen. De uitzendingen moesten sneller en informatiever, de presentatie persoonlijker. Pia Dijkstra paste volgens hem prima in dat profiel. 'Achteraf betwijfel ik of ik wel de geschiktste persoon was voor de persoonlijke touch. Ik probeerde juist zo neutraal mogelijk te zijn.'

Dijkstra zat nog in haar inwerkperiode toen ze onverwacht in het diepe werd gegooid. 'Het lichaam van de ontvoerde Aholdtopman Gerrit Jan Heijn werd gevonden en het *Journaal* maakte in die tijd voor het eerst een extra uitzending bij groot nieuws. De hoofdredacteur vroeg of ik die wilde presenteren. Natuurlijk wilde ik dat, maar ik was er niet echt op voorbereid. Ik droeg een spijkerjasje; niet echt geschikt voor het nieuws wat we moesten brengen. Collega Gerard Arninkhof was m'n reddende engel, hij stopte een wit servet in het borstzakje dat wel door kon gaan voor pochet. Zo ging ik voor het eerst de buis op.'

Haar debuut werd goed bevonden, zelf dacht ze daar anders over: 'Toen ik het terugzag, vond ik mezelf veel te verlegen.' Dijkstra kwam bij het *NOS Journaal* in een periode dat er veel aan het veranderen was in het medialandschap. De nieuwe commerciële zenders RTL en later SBS kwamen met hun eigen nieuwsprogramma en het *NOS Journaal* was zijn monopoliepositie kwijt. 'De concurrentie speelde een hele grote rol. We keken veel kritischer naar onze eigen prestaties en probeerden nog meer bovenop het nieuws te zitten. Door meerdere *Journaals* op een dag te brengen, maar ook door de aandacht te verleggen naar nieuws dat dichter bij de mensen stond. Het was lastig: enerzijds wilden we blijven wie we waren, met achtergronden en duiding, maar we wilden de wedstrijd ook niet verliezen. We moesten onszelf echt opnieuw uitvinden.'

Pia Dijkstra en de eindredacteur keken elke avond met argusogen naar wat het *RTL Nieuws* deed om half acht. 'Ze hadden het heel slim aangepakt: het nieuws zat een half uur voor ons en om acht uur begon de populaire soap *Goede Tijden Slechte Tijden*.' Het waren geen gemakkelijke jaren voor het *NOS Journaal*, want de pers zat er bovenop en schreef kritische recensies. 'We kregen er soms flink van langs. Iedereen lette op ons.' Als ze nu uitzendingen uit die jaren terugziet, begrijpt ze dat ook wel. 'We hadden vaak deskundigen aan tafel – Van Kooten en De Bie's dr. Clavan was er een parodie op – die de uitzending er bepaald niet vlotter op maakten. Met de kennis van nu denk ik: dat moet je eigenlijk niet doen in een *Journaal*.'

Als er één anchor van het *NOS Achtuurjournaal* is die twee zeer bepalende historische gebeurtenissen heeft gebracht, is het Pia Dijkstra wel. Op 8 november 1989 had ze, naar aanleiding van de gespannen situatie in Berlijn, een Oost-Europadeskundige in de studio. Ze vroeg hem: 'Is er een kans dat de Berlijnse Muur wordt gesloopt?' – volgens *Journaal*-kenner Ad van Liempt tot op heden misschien wel de beste vraag uit de geschiedenis van het *NOS Journaal*. De man kon het zich niet voorstellen; een inschattingsfout, zo weten we nu. Dijkstra: 'Toen ik de dag erna de eerste beelden van de Berlijnse Muur zag, kon ik het bijna niet geloven. Mensen begonnen de Muur te slopen en de grenswachters grepen niet in. Dat was fantastisch. Ik ging ook echt zitten met een blik van: Ménsen, wat ik nu te vertellen heb... Dat ik dat nieuws aan Nederland mocht vertellen, vond ik onvergetelijk.'

Achter de schermen van het *NOS Journaal* ging het er tijdens hoogtijdagen hectisch aan toe: 'De hele dag hield je de telex in de gaten voor het laatste nieuws, bereidde je interviews voor met deskundigen, of in het geval van de Berlijnse Muur, met Duitse politici. Je had overleg met de regisseurs, redacteuren: als presentator van het *Achtuurjournaal* was ik de hele dag met zo'n uitzending bezig.'

Op nieuwsarme dagen was het andere koek: 'Met de eindredacteur heb ik heel wat zaterdagen wedstrijdjes gedaan wie het eerst het cryptogram van *NRC Handelsblad* had opgelost. Soms was de uitzending zo'n routineklus dat ik tussen twee reportages door ineens tegen de eindredacteur riep: "Ik heb het!"'

Daar had ze beslist geen tijd voor op 11 februari 1990, de dag dat Nelson Mandela na 27 jaar werd vrijgelaten uit de Victor Verstergevangenis in Zuid-Afrika. Een gebeurtenis waarbij zelfs de altijd zo neutrale en gedegen

presentatrice het niet droog hield. 'Het was een live-uitzending van vier uur. Ik had continu kruisgesprekken met correspondent Eric van Ees. De hele wereld leefde mee naar het moment dat de poorten van de gevangenis open zouden gaan. Maar het duurde vreselijk lang. Er werden veel gasten naar de studio gehaald: politici, Kamerleden, mensen van het Anti-Apartheid Comité. Constant schakelen met verslaggevers op de Dam in Amsterdam, waar tienduizenden mensen de vrijlating wilden vieren. Toen Nelson Mandela en zijn vrouw Winnie eindelijk naar buiten kwamen, was ik echt emotioneel, net als miljoenen mensen met mij, denk ik. De toespraak die hij hield, moest ik simultaan vertalen. Dat was niet makkelijk, maar omdat ik veel over Zuid-Afrika wist, kon ik ook al die namen plaatsen en duiden.' Na afloop van die urenlange uitzending, barstte Dijkstra buiten de studio in tranen uit. 'Het was de spanning, de emotie van het bijzondere moment, alles bij elkaar. Ik ben niet iemand die dat graag toont en ik rende meteen naar de visagie. Daar kwam alles eruit.'

Maatschappelijk betrokken, wars van onrechtvaardigheid; als Tweede Kamerlid is Pia Dijkstra uitgesproken. Zo kende de *Journaal*-kijker haar indertijd bepaald niet. 'Als je presenteert, kun je dat allemaal niet laten zien. Maar het nieuws raakte me heel vaak. Ik was zwanger van mijn jongste zoon toen de genocide in Rwanda speelde. Verslaggever Gerri Eickhof had een reportage gemaakt, waarin een jongetje zijn dode broertje in de armen hield. Verschrikkelijk. Of de beelden van die oude vrouwtjes op de vlucht in Bosnië. Ik kon er niet naar kijken als dat in de uitzending voorbijkwam. Of ik bekeek de reportages vooraf een aantal keren, zodat ik geharnast was. De zwangerschapshormonen speelden vast ook een rol, maar toch. Ik ben gewoon heel empathisch. Later werd ik meer gehard en cynischer over al dat onrecht.'

Geharder of niet, soms kwamen onderwerpen zo dicht bij huis dat Dijkstra er echt moeite mee had. Zoals de moord op IKON-cameraman Cornel Lagrouw in El Salvador. 'Dat raakte me diep. Ik werkte nog bij de radio toen in 1982 vier IKON-journalisten werden vermoord, ook in El Salvador. Dat was zó'n drama, iedereen op de redactie was er kapot van. Daarom deed de dood van Lagrouw me dus heel veel.'

Het allermoeilijkste voor Pia Dijkstra waren de familiedrama's die begin jaren 90 speelden. Ze werd op die momenten pijnlijk herinnerd aan een soortgelijk drama dat ze begin jaren 80 van dichtbij meemaakte: 'Vind je het heel erg als ik het hier verder niet over wil hebben? Ik heb er heel lang over gedaan om dat te verwerken.' Elke keer als er in het *Journaal* nieuws zat over dit onderwerp had Dijkstra het achter de NOS-schermen even moeilijk. 'Dat kwam heel heftig binnen. Mijn eindredacteur wist ervan, maar ik moest er zelf doorheen. Ik moest leren om het los te laten.'

Als vrouwelijke anchor, kreeg Pia Dijkstra veel opmerkingen over haar uiterlijk. Ze raakte er aan gewend, maar vond het wel degelijk belangrijk hoe ze op de buis verscheen. Al was dat bij het *NOS Journaal* een ondergeschoven kindje. 'Je moest niet zeuren als je er tijdens de uitzending wat minder florissant uitzag. Het decor moest goed uitgelicht zijn, dat was het uitgangspunt. Dat ik er uitzag alsof ik twee blauw geslagen ogen had, werd minder belangrijk gevonden. Een vrouw op straat zei ooit: "Wat zie je er goed uit in het echt. Ik dacht dat je ziek was." Dat was heel confronterend. Ik heb heel wat vrije middagen

opgeofferd om ervoor te zorgen dat mijn belichting wel goed werd. Ik had toen kleine kinderen en de daarbij horende gebroken nachten, maar ik wilde er wel gewoon goed uitzien. Een technicus deed mijn bezwaren ooit af met: "Dan moet je maar eerder naar bed gaan, Pia."'

Nu lacht ze erom maar indertijd vond ze die opmerking helemaal niet grappig. 'Ik vond het onprofessioneel. Als ik voor de uitzending te lang bij de visagie zat, kreeg ik ook vaak te horen: "Waarom zit je daar altijd zo lang, het gaat toch om de inhoud?" Onzin. Bij televisie gaat het om beide: inhoud is net zo belangrijk als presentatie. Ik hoefde er echt niet uit te zien als een fotomodel, maar ik wilde niet afleiden van de boodschap. Want dan was al het harde werk van redacteuren en verslaggevers ook voor niets geweest.'

Een ander fenomeen waar veel vrouwelijke anchors door hun bekendheid mee te maken kregen, waren de stalkers.

Pia Dijkstra niet uitgezonderd. In haar geval nam het ernstige vormen aan: 'Een man beweerde dat ik een kind van hem had. Daar kwam ik achter toen een medewerker van de afdeling Burgerzaken van mijn woonplaats me belde: "Mevrouw Dijkstra, er is iemand die alsmaar navraag doet naar u." Het bleek dat hij allerlei instanties benaderde namens vaders die hun kinderen niet mogen zien. Hij belde stad en land af naar notarissen en advocaten en vroeg dan hoe hij zijn kind te zien kon krijgen. Heel vervelend. Er was een geluk: hij zei dat ik een dochter van hem had, maar ik heb alleen drie zonen.' Dijkstra nuchter: 'Ik was niet bang, maar vond het wel heel vervelend toen hij ook post naar ons huisadres begon te sturen. En naar het ziekenhuis waar mijn man Gerlach Cerfontaine in de Raad van Bestuur zat. Na anderhalf jaar is het gelukkig gestopt.'

'Neutraal, gedegen en no-nonsense', zo omschreef collega Gerard Arninkhof Pia Dijkstra's presentatiestijl. Anderen noemden haar serieus en keurig. Weerman Erwin Kroll zei ooit: 'Ik heb misschien wel vijftienhonderd *Achtuurjournaals* met Pia gedaan, maar ze heeft nog nooit een grapje gemaakt.' Dijkstra reageert: 'Door deze typeringen kom ik wel enigszins stijfjes over, dat is jammer. Ik vond toen dat ik het nieuws zo neutraal mogelijk moest brengen, de aandacht van de kijker moest alleen naar de inhoud gaan. Daar was ik toen heel principieel in. Ik denk dat ik het nu anders zou doen, vlotter en met wat meer mimiek.' Ze lacht. 'Ik droom nu nog wel eens over het *Journaal:* dat ik moet presenteren en binnen kom rennen in een lege studio. De autocue doet het niet, ik heb geen teksten en dan ineens roept de regisseur: "Attentie, we gaan beginnen!" Die paniek, dat onvoorstelbare gevoel van paniek!'

Er schiet haar een voorval te binnen: 'De uitzending

was net begonnen en ik voelde een hoestbui opkomen. Ik probeerde het tegen te houden, maar dat lukte niet. Dit gaat helemaal mis, dacht ik en worstelde door. Ik was echt mijn stem kwijt. Het was verschrikkelijk.' Het bordje 'Even geduld alstublieft' kwam in beeld, achter de schermen probeerde Dijkstra haar hoestbui te bedwingen. 'Er werden kopjes thee gebracht, het duurde uren naar mijn idee.' Ze maakte de uitzending af, maar na dit hachelijke incident kreeg een kopje thee met honing een vaste plek naast haar op de presentatiedesk.

Dat nam niet weg dat het haar al een keer eerder was overkomen, tijdens de best bekeken *Journaal*-uitzending van de week, op zondagavond – na *Studio Sport*. Drie miljoen kijkers waren er getuige van dat Dijkstra het letterlijk Spaans benauwd kreeg: 'Ik kwam in de studio en realiseerde me dat ik mijn oortje beneden was vergeten. Daar kun je niet zonder, want dan heb je geen contact met de regie. Ik was zo stom om terug te rennen en kwam buiten adem aan. Meteen daarna begon de uitzending.' Dijkstra – zwanger van haar eerste kind – kon geen woord meer uitbrengen. 'Vreselijk! Daarna durfde ik bijna niet meer te presenteren. Een vaste regisseur heeft me eroverheen geholpen. We namen de uitzending eerst op, daarna deed ik 't live.'

Nu, 24 jaar later, wordt Dijkstra letterlijk nog kortademig als ze erover vertelt. Het geeft aan dat jarenlang presenteren onder hoogspanning wel degelijk iets met een presentator doet. 'Toen ik in 2000 stopte en *Vinger aan de Pols* ging presenteren voor de AVRO, moest ik echt afkicken. Ik voelde me rusteloos, stuurloos, was mijn ritme kwijt. Het *Journaal* presenteren was een adrenalineverslaving.'

Na *Vinger aan de Pols*, 'eindelijk eens wat langere interviews dan 55 seconden', werd ze in 2008 voorzitter van de Taskforce DeeltijdPlus. Ze adviseerde de regering over hoe vrouwen met deeltijdbanen kunnen worden gestimuleerd om meer te gaan werken. Sinds juni 2010 is Pia Dijkstra officieel politicus.

'Ik kan eindelijk in het openbaar mijn mening verkondigen. Daar moesten mensen wel aan wennen: ze kenden me natuurlijk alleen als die objectieve nieuwsmevrouw.' Zomaar een quote geven op camera doet Dijkstra niet. 'Ik geef niet alleen maar mijn mening zonder uit te kunnen leggen waarom ik iets vind, zoals veel andere politici wel doen. Ook niet aan de NOS.'

Kritisch: 'Nu ik aan de andere kant sta, merk ik pas hoe institutioneel de NOS soms nog is: als je niet meeregeert, doe je er eigenlijk niet toe. De politieke redactie van het *NOS Journaal* brengt vooral onderwerpen waar een Kamermeerderheid voor is. Er is nauwelijks interesse voor andere politieke ideeën. Dat vind ik jammer.'

Hoofdstuk 9

'Ik was niet zo guitig als Harmen Siezen of Joop van Zijl'

Rien Huizing (1931)

anchor 1965-1984

'In het begin van mijn *Journaal*-tijd was ik zeker geen vlekkeloze presentator. Een vriendinnetje van mijn oudste dochter liep elke dag langs ons keukenraam en stak in het voorbijgaan steevast twee of drie vingers op. Dan had ze geteld hoeveel keer ik me had versproken.' Rien Huizing lacht er hartelijk om. 'Schitterend vond ik dat. En het klopte altijd.'

Die stém! 81 jaar is hij nu, maar zijn welluidende bariton, 'geërfd van mijn vader, een verdienstelijk operazanger', klinkt nog net zo deftig en onberispelijk als toen. Rien Huizing was de man met de strakke scheiding in het haar en het onkreukbare voorkomen, die in de roerige jaren 60 en 70 Nederland op de hoogte hield van het nieuws. Reken maar dat deze nieuwsman in hart en nieren ook nú nog de actualiteit op de voet volgt. De site van de Engelse kwaliteitskrant *The Guardian*, 'daar kan ik geen dag zonder', wordt door hem gespeld, de *NOS Journaals* aan een strenge blik onderworpen. *Mister Radionieuwsdienst* en later *Mister NOS Journaal* houdt er een stevige mening op na: 'Die *Journaals* overdag lijken allemaal op elkaar. Soms zie je 's middags om vijf uur nog steeds hetzelfde *Journaal* als in de ochtenduren. Dat vind ik niet sterk.'

Met zijn handen op de rug loopt Rien Huizing door de gangen van het NOS-gebouw. Hij is *'gewoon met de auto'* vanuit Friesland gekomen, toch een forse autorit van twee uur. 'Dat doe ik wel vaker hoor, mijn jongste dochter woont in de Jordaan.' Hij maakt graag tijd vrij om weer eens terug te zijn bij zijn oude werkgever. Ondanks het feit dat de redactie nu immens veel groter is en er achttien *Journaals* per dag worden gemaakt in plaats van de drie uitzendingen in zijn tijd, vindt Huizing dat 'een *Journaal* maken in de basis hetzelfde is.' Kritisch: 'Er wordt nu wel eens denigrerend gedaan over de *Journaals* van toen. Wij zouden *maar* nieuwslezers zijn geweest en geen echte journalisten, daar geloof ik niks van. In onze tijd waren wij echt wel meer dan alleen 'iemand die het nieuws voorlas'. Als hij even later de hoofdredacteur van het *NOS Journaal* Marcel Gelauff tegen het lijf loopt, schroomt hij niet om te laten weten dat hij vindt dat 'de onderwerpen in het *Achtuurjournaal* vaak veel te lang zijn. Dat kan meestal ook wel in drie minuten.' Zijn betrokkenheid en vasthoudendheid als hij eenmaal iets belangrijk vindt, zijn kenmerkend voor Rien Huizing. Ook tijdens zijn *Journaal*-tijd nam hij geen blad voor de mond. Al was hij geen ideoloog, of een vooruitstrevende anchor zoals sommige anderen. 'Ik was eerder behoudend.'

Rien Huizing werd in 1931 geboren in Rotterdam, zijn jeugd bracht hij door in het noorden van het land. Een pientere jongen uit een middenklassengezin die volgens zijn moeder 'álles las waar letters op staan'. Thuis hadden zijn ouders een abonnement op het *Nieuwsblad van het Noorden*, de jonge Huizing kocht van zijn zakgeld soms een andere editie. 'Dan ging ik thuis de katernen met elkaar vergelijken, om te zien hoe de redactie te werk was gegaan.' Prachtig vond hij dat, al leek een journalistieke carrière mijlen ver weg begin jaren 50. In 1957, hij is dan 26, nam zijn leven de wending waar hij stiekem al jaren naar zocht. Rien Huizing, afgewezen bij de regionale radio omdat 'ik te algemeen beschaafd Nederlands sprak', werd aangenomen als nieuwslezer bij de *Radionieuwsdienst*. 'Iedereen in dit vak heeft iemand nodig die iets in je ziet,' zegt Huizing, 'dat geluk had ik.' Het was het begin van een 45 jaar durende journalistieke loopbaan, die op zijn 71e definitief eindigde.

In 1964, Huizing was inmiddels opgeklommen tot eindredacteur bij de *Radionieuwsdienst*, zag hij een vacature bij het *NTS Journaal*; ze gingen uitbreiden en zochten met spoed een nieuwslezer. 'Wij hadden net een televisie gekocht, ik zie dat ding nog staan in onze flat in Hilversum. Mijn vrouw en mijn twee dochters zaten aan de buis gekluisterd, ze waren er hevig door geboeid. Televisie deed iets met mensen, dat was wel duidelijk.' Ook Huizing raakte gefascineerd. Hij besloot te solliciteren, maar toen hij nieuwslezers Frits Thors en Eugènie Herlaar ineens op het scherm zag verschijnen, gaf hij zichzelf weinig kans meer. Tot zijn verrassing werd hij aangenomen; als nieuwslezer en verslaggever.

Er ging een hele nieuwe wereld open voor Huizing, die bij de radio vooral binnen zat. Hij moest bij het *Journaal* naast het nieuwslezen ook de 'straat' op, reportages maken, maar 'het verslaggeversvak lag me niet zo. Het waren vaak hele obligate onderwerpen zoals arbeidsconflicten of interviews met politici of vakbondsmensen, die moest je dan terugbrengen naar anderhalve minuut in het *Journaal*. Vaak stond je ook uren te wachten, vreselijk.' Het ergste vond de kersverse verslaggever 'dat je dan ook nog eens beleefd moest vragen of de televisie misschien ook nog een vraag mocht stellen. De krantenjournalisten keken een beetje op ons neer.' Hij schudt zijn hoofd: 'Ik was geen brutale hond. Ik denk dat ik te bedeesd was voor dit werk.'

Al heeft hij ook goede herinneringen aan zijn verslaggeverstijd. 'In 1965 ging het pas verloofde stel prinses Beatrix en Claus von Amsberg een najaarstour maken langs de drie provinciehoofdsteden Groningen, Leeuwarden en Assen. Samen met de Koninklijk Huisverslaggever bereidde ik alles voor. Drie dagen lang bezochten we de locaties, zochten geschikte gasten en regelden alles voor de opnamedag.' Hij is er nu nog trots op dat op de dag van dat bezoek 's avonds om acht uur een kant-en-klaaronderwerp in het *Journaal* zat. 'Vergis je niet, dat was elke keer weer een godswonder. Alles werd op film gedraaid. Het opgenomen materiaal moest met het NOS-vliegtuigje naar Hilversum worden gevlogen. Daar werd alles eerst technisch klaargemaakt zodat we konden monteren. Een enorm tijdrovend karwei, dat gaat nu drie keer zo snel.' Huizing schiet een voorval te binnen waarbij de haast om alles op tijd in Hilversum te krijgen, bijna desastreuze gevolgen had. 'Ik was met koningin Juliana en prins Bernhard mee op staatsbezoek naar Ethiopië, dat indertijd werd geregeerd door de gevreesde dictator Haile Selassie. We waren in een suikerfabriek, waar de koningin een bezoek aan bracht. Ik zat in tijdnood, de filmopnamen moesten snel naar het vliegveld worden gebracht. De piloten van de KLM namen het materiaal voor ons mee naar Nederland, zodat het de volgende dag in het *Journaal* zou zitten. In de haast keek ik niet goed uit en liep een heel klein mannetje bijna omver. Dat bleek dus Selassie te zijn. Meteen zo'n enorme lijfwacht erbij. Gelukkig is dat met een sisser afgelopen.'

Ondanks die bijzondere avonturen als verslaggever, voelde Huizing zich beter op zijn gemak in de televisiestudio. 'Op de presentatiestoel kwamen alle disciplines samen, je was het sluitstuk van een journalistiek en technisch proces. In mijn tijd was er nog maar één presentatiestudio in Hilversum, daar kwamen alle programma's vandaan. Dat was heel hectisch; zodra de televisieomroepster had aangekondigd dat het *Journaal* begon, moest ik razendsnel op haar stoel gaan zitten, werd er gauw een wereldbol opgehangen en klonk nog geen minuut later de *Journaal*-gong.'

Rien Huizing werd bekend als de gedegen nieuwslezer met gezag, die duidelijk en zonder poespas het *Journaal* presenteerde. 'Er was aan mij weinig meer te beleven dan wat er beleefd móést worden.' Een nette meneer ook. Tot op de dag van vandaag draagt Huizing nog altijd een pak met bijpassende stropdas. 'Mijn kleinzoon zag laatst een kinderfoto van mij als 8-jarig jongetje. Hij riep: "Opa, toen had je ook al een pak aan, dat heb je nooit meer uitgetrokken." Ja, ik was als kind al een keurig kereltje.' Dat iedereen wat aan te merken heeft op een *Journaal*-presentator noemt hij 'logisch'. Relativerend: 'Het is ook een kwestie van smaak.' Huizing maalt er niet om dat hij als een degelijke presentator werd neergezet. 'Misschien zou ik nu wel iets losser presenteren, maar ik was nu eenmaal niet zo guitig als Harmen Siezen of Joop van Zijl.'

Dat hij een aantal jaren geleden door Wim de Bie, 'over iconen gesproken', genoemd werd in zijn weblog over het 50-jarig jubileum van het *NOS Journaal*, zal Huizing niet snel vergeten. 'De oude knakkers waren weer even terug op televisie, we presenteerden allemaal een dagjournaal. Wim de Bie schreef na mijn "optreden": "Kan Rien Huizing niet worden gevraagd voor een hoge functie bij het *Journaal*, waarbij is inbegrepen dat hij ook weer presenteert." Dat beschouwde ik als een groot compliment.'

De bekendheid waar alle anchors mee te maken krijgen, vond de nuchtere noorderling af en toe best lastig. Zoals die keer dat het gezin Huizing een dagje uitging naar een wildpark. 'Reden we daar in onze auto rond, doemt er ineens een auto naast ons op die maar naast ons blééf rijden. Ik vond dat zo raar, zijn er allemaal wilde dieren te zien en dan kijkt iemand naar mij!' Huizing reageerde onverwachts ondeftig: 'Ik draaide het raampje open en gromde als een boze leeuw. De man vlóóg weg.'

Maar meestal moest hij wel lachen om wat de mensen naar hem riepen. 'We waren op reportage in Rotterdam, mijn geboortestad en draaiden op een bouwplaats. Hoor ik opeens van bovenaf een kraanmachinist in onvervalst Rotterdams schreeuwen: "Jij hoor hier nie. Jij hoor in dat kassie." Lachend: 'Dat vond ik dan wel leuk.' Hij leerde wel omgaan met de starende blikken, 'want overal waar je kwam, werd je herkend.' Tegenwoordig overkomt hem dat niet meer: 'Ik ben een stuk ouder en dikker geworden. Wat me wel geregeld gebeurt, is dat iemand me hoort praten en ik die persoon dan bijna hoor denken: Ik kén die stem ergens van.' Rien Huizing haalt een doosje pottertjes uit zijn binnenzak. Deze bekende keelsmeerdertjes reizen al veertig jaar met hem mee. Een erfenis uit de tijd dat hij nieuwslezer was en onmisbaar bij naderend stemongemak.

Huizing maakte veel veranderingen mee binnen het *NOS Journaal*. 'Begin jaren 70 kregen we veel kritiek te verduren in de pers. De *Journaal*-uitzendingen werden oubollig, gezagsgetrouw en passief bevonden. Dat was ook wel zo,

denk ik achteraf. Het *NOS Journaal* heeft nooit vooropgelopen in de geest van de tijd.' Huizing geeft toe dat hij zelf ook niet bepaald een visionair was, maar uitgerekend híj maakte deel uit van de eerste *Journaal*-commissie, een vertegenwoordiging vanuit de redactie die vernieuwing, achtergronden en duiding in het *Journaal* wilde. De kijkers merkten er niets van, maar achter de schermen ontstond volgens Huizing een 'halve revolutie, we trokken de macht naar ons toe.' Met een twinkeling in de ogen: 'Het was een leuke tijd, we lieten duidelijk horen dat we niet met ons lieten sollen en ook ideeën hadden over wat we met het *Journaal* wilden.' De vernieuwing kwam er, onder leiding van de nieuwe hoofdredacteur Ed van Westerloo. 'Hij ging veel gedurfder met nieuws om dan zijn voorgangers. Dat botste ook wel vaak.' Huizing noemt een voorbeeld: 'De Paus was overleden. In Rome waren de kardinalen bijeen om uit hun midden een nieuwe Paus te kiezen. Als dat gebeurd was zou er witte rook komen uit de Sixtijnse Kapel. Die middag kwam er geen witte, maar zwarte rook uit. Een teken dat er nog geen nieuwe Paus was gekozen. Ik vond dat geen nieuws, maar Van Westerloo vond het een extra uitzending waard. Ik weigerde in eerste instantie, maar het werd een dienstopdracht.' Huizing bracht het nieuws, onder protest en 'in een live-TROS-uitzending nog wel.' Nu geeft hij ruiterlijk toe dat 'Van Westerloo vaker gelijk heeft gekregen dan ik.' Ter illustratie memoreert hij die dag in februari 1976 toen uitlekte dat een 'hoge Nederlandse functionaris' steekpenningen had aangenomen van de Amerikaanse vliegtuigbouwer Lockheed. 'De hoofdredacteur werd getipt door een betrouwbare bron dat het om prins Bernhard ging en wilde dat in de uitzending melden.' Huizing, serieus: 'Ik vond dat we moesten wachten tot de Rijksvoorlichtingsdienst het nieuws bevestigde. Het was iemand van het Koninklijk Huis, dat kón je in mijn beleving niet zomaar doen. Ik was te gezagsgetrouw, denk ik achteraf. Van Westerloo heeft er goed aan gedaan om dat nieuws toen wereldkundig te maken.'

Als anchor van het *Achtuurjournaal* maakte Rien Huizing spraakmakende affaires en historische omwentelingen mee. Het einde van *De Praagse lente* bijvoorbeeld, in augustus 1968. 'Op de redactie zagen we via de Oostenrijkse televisie de eerste beelden binnenkomen van Russische tanks die Praag binnenreden. Er zat een hele summiere uitleg bij. De hele dag hielden we daarom bij toerbeurt de continue stroom van televisiebeelden in de gaten. Tijdens het *Achtuurjournaal* heb ik toen live verslag gedaan bij die beelden. Het was erg hectisch omdat we continu moesten improviseren, maar het was geweldig dat het goed ging.' De gebeurtenissen van die dag raakten Huizing: 'De bevolking wilde hervormingen en durfde eindelijk haar stem te laten horen. Dat sprankje hoop werd met de komst van 150.000 soldaten stevig weggeveegd.'

Het gebeurde overigens niet vaak dat Huizing zich het nieuws zo aantrok: 'Afstand bewaren is de essentie van het werk van een journalist,' doceert hij. 'Een journalist moet observeren en mag geen grote betrokkenheid tonen.' Dat blijft natuurlijk een lastige opgave. 'Ik was een keer bij een brand in een tehuis voor geestelijk gehandicapte kinderen in het Drentse Rolde. Ter plekke zag ik daar de verkoolde lichaampjes liggen van acht kinderen. Als je dan met je werk bezig bent, heb je het te druk om daarbij stil te staan. Maar toen ik thuiskwam, realiseerde ik me wát ik had gezien. Dat greep me wel aan.'

In 1984 verliet Rien Huizing na negentien jaar het *NOS Journaal*. Hij keerde als hoofdredacteur terug naar de *Radionieuwsdienst*. De gewaardeerde en vertrouwde anchor verdween voorgoed van het televisiescherm. Spijt van deze overstap heeft hij nooit gehad, al ontving hij in zijn nieuwe functie geen persoonlijke post van kijkers. Één brief in het bijzonder, die hij kreeg tijdens zijn hoogtijdagen bij het *Journaal*, is hij nooit vergeten: 'Een mevrouw die in een verzorgingstehuis woonde, schreef: "Ik wil u laten weten dat ik binnenkort verhuis van kamer 18 naar kamer 25. Anders kunt u mij straks niet meer vinden."' Huizing glimlacht. 'Voor veel eenzame mensen was de *Journaal*-presentator een huisvriend, iemand die elke avond bij je op bezoek kwam. Als je het zo bekijkt, snap ik wel dat ze me die verhuisbrief schreef. Ik vond het heel aandoenlijk.'

Hoofdstuk 10

'Hart van Nederland *heb ik nog nooit gezien*'

Henny Stoel (1945)

anchor 1988-2003

Ontspannen en gebruind staat Henny Stoel in de deuropening van haar huis in een nette Apeldoornse buitenwijk. Ze is net terug uit Frankrijk, waar ze al jaren een caravan 'met schotelantenne' heeft staan op een Frans landgoed. Samen met haar echtgenoot Henk vertoeft ze er sinds haar pensionering een paar maanden per jaar. 'Ik probeer daar elke avond naar het *Achtuurjournaal* te kijken. Het dagelijkse nieuws volgen, zit er zó ingesleten. Maar in Frankrijk doe ik ook veel andere dingen, hoor! Brocantemarkten bezoeken, borduren, lezen, genieten van het Franse leven.' In Nederland begint de dag met Teletekst en *de Volkskrant* aan de Apeldoornse keukentafel. Lachend: 'We delen de krant: ik de voorpagina, Henk de kruiswoordpuzzel. Als hij daarmee klaar is, doe ik de sudoku.'

'De voorleesmoeder des vaderlands' werd Henny Stoel ook wel genoemd in de tijd dat ze anchor was van het *NOS Achtuurjournaal*. Geroemd om haar betrouwbaarheid, perfecte uitspraak en correcte gebruik van de Nederlandse taal. Maar ook bekritiseerd, 'afgemaakt tot op het bot, zeg maar gerust', door roddelblad *Privé*. Het 'lelijkste nieuwsgezicht van Europa' werd ze door hoofdredacteur Wilma Nanninga genoemd. 'Toen ik dat las, stond mijn hart echt even stil. Dat was zó afschuwelijk, heel erg naar. Het ging er verdorie toch niet alleen om hoe ik eruitzag? Ik durfde die weken daarna nauwelijks over straat, voelde me vreselijk bekeken. Het idee ook dat ik wekenlang 'overal lag', bij de kapper, in de schappen van de supermarkt, in de leesportefeuille: het wás en is een van de dieptepunten uit mijn *Journaal*-tijd.'

Henny Stoel kan zich nog steeds opwinden over de '*Privé*-affaire', maar relativeert al snel. Haar aanstekelijke lach klinkt geregeld door de tuin als ze herinneringen ophaalt aan haar tijd bij het *NOS Journaal*. Achttien jaar werkte ze er. Begonnen als chef binnenland, geëindigd als anchor woman van het *Achtuurjournaal*. 'Wil je er even bij zetten dat ik niet weg móést op mijn 58e? Dat was mijn eigen keus. Anders krijgen we dat weer. Ik wilde gewoon samen met mijn man genieten van ons pensioen. Wil je taart trouwens?' De hond dartelt om haar heen, echtgenoot Henk scharrelt binnen in het grote vrijstaande huis. Een serene rust: de drukte en stress van de journalistieke loopbaan die achter Stoel ligt, zijn mijlenver weg. 'Of ik nog herkend word op straat? Een stuk minder dan vroeger. Toen was het elke dag wel een paar keer raak. Laatst in Frankrijk hoorde ik iemand eens zeggen: "Ze lijkt niet alleen op Henny Stoel, ze héét ook nog zo." Schaterlachend: 'Het allerleukste was toch wel dat terwijl ik rondliep tijdens de rijtoer op Prinsjesdag, iemand naar me riep: "Hé, Nelli Cooman!"' Haar ogen glinsteren. 'Die is goed, hè? Allemaal meegemaakt.'

Hart van Nederland van SBS 6 heeft Stoel nog nooit gezien en naar het *RTL Nieuws* kijkt ze ook niet. 'Die programma's zitten gewoon niet in mijn kijkpatroon.' Trivialiteiten, de kleine berichtjes in de krant, zijn niets voor Henny Stoel. Ze is meer van het serieuze, van degelijke en betrouwbare berichtgeving. 'Het *NOS Journaal* moet het regionale overstijgen.' Stoel ziet met lede ogen toe dat het *Journaal* de laatste jaren steeds meer tegemoetkomt aan de 'smaak van de kijker'. 'In Frankrijk lees ik 's ochtends op mijn iPad *de Volkskrant*. De onderwerpen die het *Journaal* beheersen, zijn daarin de korte berichten. Minder relevante maatschappelijke onderwerpen zoals criminaliteit, krijgen in het *Journaal* te veel aandacht. Ik zal wel ouderwets zijn, maar de norm lag vroeger wel hoger.' Al erkent ze dat onderwerpen die het 'gesprek van de dag' zijn inmiddels niet meer in het *Journaal* kunnen ontbreken. Maar al dat lichtvoetige: 'Ik riep heel vaak: "Moet dat ijsberenonderwerp echt in het *Journaal?*" Ik vind van niet, daar heb je andere programma's voor.'

Aan het nieuwe decor van het *Achtuurjournaal* moest Stoel behoorlijk wennen. 'Ik vind de studio enorm, de presentatoren staan als dwergen voor die grote schermen. Al kun je daar wel een mooie sfeer mee neerzetten, passend bij het nieuws dat je brengt. Ik zie er wel de meerwaarde van in.' Over het veel bediscussieerde rondlopen van de presentatoren zegt ze met licht ironische ondertoon: 'Je moet er wel slank voor zijn, je ziet echt alles in dat decor. Ik ben blij dat deze beker aan mij voorbij is gegaan.'

Stoel werd op 13 juli 1945 geboren in Bussum. Dochter van een Joodse kapper en een gereformeerde huisvrouw. 'Een eenvoudig milieu, maar heel warm en met een brede maatschappelijke interesse.' Haar vader, kaderlid bij de kappersvakbond, volgde het nieuws op de voet. 'Hij heeft niet meer meegemaakt dat ik anchor werd bij het *Journaal,* maar hij zou naast zijn schoenen zijn gaan lopen van trots, dat weet ik zeker.' *Het Vrije Volk* en *Het Parool* vielen elke dag op de mat en de radio stond vaak aan.

Kleine Henny luisterde al snel graag mee. 'Zo heb ik in 1953 bij de watersnoodramp in Zeeland elke dag alles gevolgd.' De krant las ze ook al vroeg: 'Mijn armen waren nog te klein voor zo'n brede krant. Dan spreidde ik hem uit op de grond en ging alles uitgebreid lezen.' Via de boekhouding van het toenmalige *Handelsblad* kwam ze bij de VARA-radio terecht als redactiesecretaresse. Haar stem viel op; ze werd er uiteindelijk, naast Felix Meurders, Paul Witteman en Wim Bosboom, medepresentator van het spraakmakende politieke programma *In de Rooie Haan*. 'Met 200 man publiek in de studio, prachtig vond ik dat. Een hele leerzame en spannende tijd.'

Op haar 40e, in 1985, begon Henny Stoel als chef binnenland bij het *NOS Journaal*. Een lastige uitdaging: 'Ik was niet flink genoeg. Op zo'n positie moet je de *guts* hebben om mensen aan het werk te zetten, of ze nu willen of niet. Dat kan ik niet zo goed, ik ben van het harmoniemodel. Ik functioneer het beste als tweede man.' De hoofdredactie bood haar iets anders: een auditie voor de presentatie van het *Halfzesjournaal*. Die doorstond ze met glans en al snel werd ze een vertrouwd *Journaal*-gezicht. In 1999 kwam haar grote moment. 'Pia Dijkstra ging weg als anchor van het *Achtuurjournaal*. Stiekem leek het me wel wat om haar op te volgen. Nee, ik heb mezelf niet gemeld voor die baan, ik denk dat ik gevraagd ben.' Stilte: 'En ergens vond ik het ook wel logisch dat ik het zou gaan doen.' En zo maakte Stoel op haar 54e een flinke carrièrestap: 'Ik vond het echt geweldig. Ik heb wel even staan juichen thuis. Mijn leeftijd speelde geen rol, dat is bij andere omroepen wel anders. Als je te oud bent, word je vaak "vriendelijk" te verstaan gegeven dat je van de televisie af moet. Grote onzin.' Al had de *Privé* het er blijkbaar wel moeilijk mee. De hetze van het roddelblad had uiteindelijk een averechts effect. 'Ik kreeg honderden brieven van kijkers die me een hart onder de riem wilden steken. Diskjockey Ruud de Wild van 3FM begon de actie "Henny Stoel is cool". Dat was hartverwarmend. Ik ben bij hem in de uitzending geweest en kreeg veel positieve reacties van jonge mensen die vonden dat ik me er niets van aan moest trekken. Maar onbewust doe je dat toch. Ik kon het ook niet uitstaan, een man wordt nooit zo afgerekend op z'n uiterlijk.' Dan droog: 'Wilma Nanninga vergeleek me met al die bloedmooie, blonde Italiaanse nieuwslezeressen. Tja, zo lust ik er ook nog wel een paar.'

'Iets ijdeltuiterigs heeft het wel zeg, zo urenlang over jezelf praten,' vindt Stoel, terwijl ze naar de keuken loopt voor nieuwe koffie. Stoel is meer een vrouw van de luwte, geen haantje-de-voorste. 'En dan toch zo lang op de televisie, eigenlijk vreemd, hè?' Vrolijk: 'Er werd wel eens gezegd dat ik op beeld zo chagrijnig en streng keek. Maar volgens mij kun je best lachen met mij.' Op de redactie van het *NOS Journaal* klonk haar schaterlach regelmatig. 'En schuine moppen vertellen aan Noortje van Oostveen, dat vond ik ook altijd enig.' Als anchor van het *Achtuurjournaal* speelde Stoel niet de eerste viool. 'Het was toch vooral de eindredacteur die de kar trok. Ik zorgde er wel voor dat ik alle kranten goed las, zodat ik wist wat er speelde. Er was te weinig tijd om alle teksten zelf te schrijven. Je werd ook vaak wel wat ontzien door de eindredacteur omdat je aan het einde van dag nog moest pieken. Vaak zag ik de montage van de reportages zelf ook pas tijdens de uitzending. Veel filmpjes kwamen op het laatste moment binnen of werden live vanaf locatie ingestart. Het was geen zware baan, absoluut niet, maar wel een verantwoordelijke. Alles moest kloppen, het moest geloofwaardig zijn. Ik vond dat de redactie het verdiende dat hun teksten en reportages zo goed mogelijk werden overgebracht.' Lachend: 'Grappig, mensen hebben vaak geen idee wat een *Journaal*-presentator precies doet. Sommigen dachten dat ik het allemaal uit mijn hoofd deed.'

De Bijmerramp in 1992 was naast een nationale tragedie voor Stoel persoonlijk – 'helaas, moet ik zeggen' – een dieptepunt in haar journalistieke carrière. Cynisch: 'Ik was die avond voor het eerst eindredacteur van het *Journaal*, dat was wel een bof, maar niet heus.' Vroeg in de avond kwam het bericht binnen dat er een vliegtuig was neergestort. 'Een cameraman belde, het was ergens bij Amsterdam. Ze dachten aan Diemen, later werd duidelijk dat het om de Amsterdamse Bijlmer ging.' Stoel besloot pas een extra *Journaal* uit te zenden als er meer bekend zou zijn over het vliegtuigongeluk. 'Ik wilde eerst weten waar en op welke flats dat toestel precies was neergekomen. Achteraf was dat een misvatting. Zelfs CNN was sneller.' Serieus: 'Ik wilde mensen gewoon niet onnodig ongerust maken. Er waren in het begin zoveel tegenstrijdige berichten. In die jaren hadden we nog geen satellietwagens die direct vanaf locatie konden uitzenden. We stuurden een straalverbinding naar het rampgebied, zodat er vanaf daar live kon worden uitgezonden, maar het duurde eeuwig voordat dat ding ter plekke was. Er was inmiddels een enorme verkeerschaos ontstaan in Amsterdam en de wagens kwamen er niet snel genoeg door. In de extra uitzending waren er gelukkig al wel verslaggevers die telefonisch vertelden wat er aan de hand was, maar er was geen beeld van het neergestorte vliegtuig. Slopende uren waren het, ik was heel nerveus, ik voelde ook wel aan dat we te laat waren. Nee, dat heb ik niet goed gedaan. '

De volgende dag was er veel kritiek in de media: 'We

hebben het later uitvoerig geëvalueerd op de redactie, met een rollenspel zelfs. Je kunt van mening verschillen over de aanpak: ik kon alleen maar proberen uit te leggen waarom ik die beslissing had genomen.' Even later: 'Er is op de redactie van het *Journaal* te lang een sfeer geweest van: Het zal wel loslopen, eerst maar eens een kwartiertje wachten. Zo ging het ook bij de dood van de Britse prinses Diana in Parijs. Terwijl *RTL Nieuws* al uren live verslag deed, moest bij het *Journaal* de machinerie nog op gang komen. Ik liep op een *country fair* ergens in de Achterhoek toen ik het hoorde. Wat erg, dacht ik, maar omdat ze de ex was van prins Charles en daarom geen lid meer was van de Britse koninklijke familie dacht ik geen moment dat het zo'n historisch nieuwsmoment zou worden.' Stoel volgde daarom met enige verbazing de enorme emoties die Diana's overlijden wereldwijd losmaakte. 'Dat heeft ook met mijn persoonlijke belangstelling te maken, denk ik. Ik was niet zo geïnteresseerd in berichten over het wel en wee van bekende personen. Maar na haar dood ben ik het nieuws toch wel breder gaan volgen.'

Journalistieke hoogtepunten waren er ook genoeg voor Stoel. Tijdens de Golfoorlog in 1990 presenteerde ze nachtenlang rechtstreekse uitzendingen. 'De aanvallen met scudraketten, Israëlcorrespondent Eddo Rosenthal die in de *Journaals* verscheen met een gasmasker op. Dat waren hele spannende momenten. Journalistiek gezien zijn dat de mooiste projecten, omdat je de hele tijd moet improviseren. Het is hectisch, spannend en inhoudelijk.' Nachtenlang bewaakten Stoel en haar collega's de nieuwsontwikkelingen. Schaterlachend: 'Ik liep rond op mijn pantoffels, lekker comfortabel en dat zag toch niemand.'

Bloopers, ook Stoel heeft er een aantal op haar naam staan. ‘Niet zo heel veel, gelukkig.’ Haar bekendste is het mislukte kruisgesprek met Philip Freriks, toen nog correspondent in Parijs. ‘Hij hoorde mij niet, maar wij hem wel. Dat had hij niet in de gaten. Hij zette een denkbeeldige knijper op zijn neus en persifleerde een telefoongesprek. Dat was erg geestig en ik had moeite om mijn lachen in te houden. Mislukte schakelingen, zoals verbindingen waarbij de ene partij de andere niet hoort, en die dus kennelijk niet gecheckt waren, hebben me altijd geërgerd. Je zit er maar mee, als presentator.’

Stoel mag dan van het harmoniemodel zijn; als lid van de taalcommissie, de ‘Taaliban’ genoemd, lette ze met militaire precisie op taalfouten van de redactie. ‘Verschrikkelijk vond ik het als dat in mijn uitzending gebeurde. Wanneer mensen zien dat er een fout staat in de ondertiteling, zullen ze sneller denken: Dan zal de rest ook wel niet kloppen. We checkten of namen goed geschreven waren en of de zinsconstructies klopten. Want dat ging nog wel eens fout.' Weer die schaterlach: 'Ik geloof dat ik wel eens drie spelfouten heb gehaald uit de naam van Bram Moszkowicz.' Af en toe belt Stoel nog wel eens naar de NOS, als ze iets voorbij hoort komen wat niet klopt. 'Dat kan ik dan niet laten. Meestal gaat er iets fout door grote haast, hebben ze het over een caravan in Amerika met een afmeting zo groot als een voetbalveld, dat soort dingen.'

Henny Stoels 'Tante Dora', werd een begrip op de *Journaal*-redactie. Deze 91-jarige, alleenstaande tante van Stoel woonde in een verpleeghuis in Naarden. Voordat Stoel naar de redactie ging, reed ze een paar keer per week bij haar lievelingstante langs voor een bezoekje. 'Ik belde vaak ook nog even vanaf de redactie: "Dag tante Dora, alles goed met u vandaag? Hebt u nog iets nodig?" Als ik met vakantie was, nam een regisseuse mijn telefoontaakje over. Ik deed haar administratie en haalde kleine boodschapjes. Ik heb dat tot haar dood gedaan. Terwijl ik aan het werk was, kwam het bericht binnen dat ze op sterven lag. De eindredacteur zei tegen me: "Henny, ga er nu maar snel naar toe om afscheid te nemen, je hebt zo lang voor haar gezorgd."'

In 2003 stopte Henny Stoel bij het *NOS Journaal*. Ze is dan bijna 58. 'Mijn echtgenoot zat altijd maar alleen te eten. Hij was net een jaar met pensioen. Voordat het te laat was, wilden we samen genieten van andere dingen dan werk. Haar afscheid was groots, de speeches vleiend en gemeend: 'Hoe ik herinnerd wil worden? Jeetje...' Het blijft even stil in de tuin. 'Als een geloofwaardige vakvrouw.'

Missen doet Stoel het *Journaal*-werk niet. 'Behalve als er echt groot nieuws is. Dan denk ik: Nu zou ik er wel weer willen zitten. Ze werd nog gevraagd om een radioprogramma te presenteren op Radio 4: 'Maar dan moest ik elke dag om vijf uur 's ochtends opstaan. Daar had ik geen zin in, ik ben niet voor niets gestopt.'

Taalpurist Stoel coacht nog wel met enige regelmaat redacteuren van het *NOS Journaal* en *Nieuwsuur* die moeten leren inspreken. En voor bepaalde klussen is Stoel nog wel te porren: 'Ik zou nog wel graag meer luisterboeken willen inspreken. Maar ik wil geen dingen meer doen waarvoor ik op m'n tenen moet lopen. Mijn leven is lekker overzichtelijk zo. Ik hoef geen grote uitdagingen meer.'

Hoofdstuk 11

'Ik wilde geen pratende postzegel zijn'

Joop van Zijl (1935)

anchor 1977-1996

'Ik ben een keer bijna te pletter gevallen tijdens de voorbereidingen voor een uitzending. Het scheelde echt niks. Toen kneep ik 'm wel even.' Breed lachend: 'Er zaten maar 40 seconden tussen mij en de dood.' Het mag dan ruim dertig jaar geleden zijn dat nieuwspresentator en *Mister NOS* Joop van Zijl bijna de dood vond tijdens zijn werk, de inmiddels 77-jarige anchor is geen detail vergeten. Geamuseerd bijna: 'We maakten een uitzending over luchtsporten en ik zou het onderdeel parachutespringen voor mijn rekening nemen. Boven in de lucht zou ik, in de Cessna van de NOS, een gediplomeerd parachutist interviewen. Tijdens een werkoverleg riep ik na het zoveelste borreltje: "Is het niet leuk als ik dan afsluit met: Dank u wel voor het interview, ik ga eens even beneden kijken. En er dan vervolgens uit spring?" Dat leek iedereen fantastisch en dus ging ik op parachuteles. De eerste keer was opzienbarend natuurlijk, de tweede keer was ik vooral heel bang.' Na een aantal sprongen was Van Zijl klaar voor de generale repetitie. 'Je moet bij een parachutesprong altijd het *dropping point* op de grond in de gaten houden, zodat je weet waar je precies naartoe moet springen. Op een gegeven moment zei de instructeur: "Joop, we zijn over je *dropping point* heen." Ik was drukker met de uitzending bezig dan met mijn veiligheid. Ik dacht alleen maar aan de camera die beneden stond en mij niet in beeld zou krijgen als ik er niet snel uit sprong. Ik ben toen niet, zoals dat hoorde, netjes bij het derde "tikje", het commando, eruit gesprongen. Nee, ik ben er echt min of meer als een zak aardappelen uit gevallen. Heel stom natuurlijk. Ik had een microfoon bij me, zou live verslag doen van de sprong, maar de parachute ging niet open. Omdat ik zo slordig uit het vliegtuig was gesprongen, zat het ding helemaal om mijn lichaam gedraaid en zat hij nog in de hoes. Ook de reservechute kon niet uit.' Van Zijl pauzeert even, neemt een slokje water. Alsof hij het commentaar verzorgt bij een van zijn vele live-uitzendingen. Hij is het niet verleerd, weet nog precies hoe je de spanning opbouwt. Een rasverteller. 'Ik had geleerd dat als je tussen bomen terecht dreigde te komen, je je zo smal mogelijk moest maken. In een *split second* besloot ik om dat te doen, in de hoop dat "de boel zou afstropen" en de parachute open zou gaan.'

Beneden op de grond zagen zijn collega's Van Zijl vallen. 'Een collega zei later: "Jezus, we zagen je naar beneden denderen. Ik kon geen adem meer halen." Met enige zelfspot: 'Het werk ging nu eenmaal altijd voor. Uiteindelijk lukte het me wel de parachute te openen. Op de grond kon ik niet meer uitbrengen dan: "Er ging, geloof ik, even wat mis." Ik heb er geen posttraumatisch stresssyndroom aan overgehouden, hoor! Maar achteraf denk je: hoe is dit mogelijk? Waarom vallen mensen te pletter? Die krijgen een black-out bij zoiets. Dat had ik gelukkig niet.'

Van Zijl kan er na al die jaren nog smakelijk over vertellen. Aan een afgelegen tafeltje in een Amsterdamse brasserie, pal tegenover het Concertgebouw: 'Wist je trouwens dat prinses Irene hier ook heel vaak zat?' De oud-NOScoryfee is sinds kort terugverhuisd naar de hoofdstad. 'Mijn vrouw is Amsterdamse. Ze vond er in Hilversum niets aan. Ze had er geen vriendinnen, de mentaliteit stond haar niet aan. "Er gebeurt hier niets," riep ze altijd. Ik vond het prima om terug naar Amsterdam te gaan. Met vrienden een goed glas drinken in het café, of een concert bezoeken: hier is altijd wel wat te beleven.'

Bijna twintig jaar presenteerde Van Zijl het *NOS Achtuurjournaal*. Steevast sloot hij af met de woorden: 'Tien voor half negen precies, einde van dit *Achtuurjournaal*.' Daarnaast voorzag hij ontelbare belangwekkende nieuwsgebeurtenissen van commentaar. Een greep uit het indrukwekkende oeuvre van Joop van Zijl: uitvaarten, 'hele bijzondere waren die van koningin Wilhelmina, Winston Churchill, Charles de Gaulle, prinses Diana'. Uiteenlopende herdenkingen: de Watersnoodramp, Dodenherdenking, Bevrijdingsdag. Grote en minder grote evenementen: de Watergate-affaire, maanlandingen met de Apollo, sluiting van de Deltawerken, Nationale Vogeltrekdag, carnaval, bloemencorso's. En talloze klassiekemuziekconcerten, een grote passie van Van Zijl. 'Soms denk ik: Heb ik dat allemaal gedaan? Ik heb heel veel recensies bewaard. Toen ik onlangs ging verhuizen, kwam ik die dozen tegen. Mijn vrouw zei: "Wat moet je met die rotzooi." Het ligt nu allemaal bij Beeld en Geluid. Ik heb daarvoor alles nog weer eens gelezen. Blijkbaar deed ik het wel goed. Maar natuurlijk kwam ik ook zure stukjes tegen.'

De vertrouwenwekkende stem van Van Zijl maakte volgens velen het nare nieuws iets minder erg dan het was. 'Het *Journaal* moet de mensen vertellen hoe het zit; volgens mij kan dat niet zonder betrokkenheid van de nieuwslezer. Ik heb altijd laten doorschemeren hoe ik ergens over dacht, denk ik. Dat is een kwestie van intonatie, rustpauzes nemen hier en daar. Ik gebruikte veel korte bijzinnen. Als het kon, maakte ik ook af en toe een grap. Piet Bambergen van het bekende komische duo de Mounties uit de jaren 60 zei ooit tegen me: "Jij hebt humor. Wat jij aan het slot van het *Journaal* zegt, is theater." Gevleid: 'Ik vond het belangrijk dat de mensen even adem konden halen.' Al werd Van Zijl door collega's ook aangesproken op zijn presentatiestijl. 'Jaap van Meekren, een oud-AVRO-icoon riep eens streng: "Joop, je drukt een veel te persoonlijk stempel op dat *Journaal.*" Dat was ik hartgrondig met hem oneens. Ik wilde geen pratende postzegel zijn.' Zijn vertellende manier van presenteren werd zijn handelsmerk. 'Je kon mij een perscommuniqué geven en ik bracht het alsof ik het ter plekke had bedacht. Ome Joop vertelt, zo voelde dat.' Ooit liet Van Zijl bij de introductie van nieuwe NS-dubbeldekkers een modeltreintje over de presentatiedesk lopen. 'Die tafel liep schuin af. Toen het onderwerp bijna begon, heb ik hem op de hoogste kant gezet en een zacht tikje gegeven. Het treintje kwam tijdens mijn tekst keurig door het beeld. Daar hebben mensen het nog wel eens over. Dat blijft ze bij. Dat vind ik de vrijheid van de presentator.'

Joop van Zijl werd op 23 januari 1935 geboren in Haarlem. Zijn vader was inrichter bij Albert Heijn, zijn moeder violiste in het Haarlems Symfonie Orkest. Journalistieke aspiraties had Van Zijl als kind niet: hij had veel meer interesse in de muzikale werkzaamheden van zijn moeder. Al was hij wel al vroeg een 'driftig radioluisteraar'. 'Mijn vader had tijdens de oorlogsjaren een koektrommel. Daar deed hij altijd heel geheimzinnig over. Mijn broer en ik mochten er beslist niet aankomen. Er bleek een ontvanger in te zitten, waarmee mijn vader naar

Radio Oranje luisterde; die zonden uit vanaf Londen. Dat mocht ik als kind niet weten, mijn vader was bang dat ik te loslippig zou zijn.' Van Zijl wilde omroeper worden: 'Dan kon ik leuk dichtbij de orkesten zijn.' Op zijn 18e kwam hij in dienst bij de AVRO. 'Als anderen gingen lunchen, – "meestal een Russisch eitje of gebakken bloedworst" – ging ik luisteren naar repetities van het Radio Filharmonisch Orkest. Of naar de pauzeconcerten van het Metropole Orkest. Dat vond ik prachtig.' Via verschillende AVRO-programma's, de NTS en de radio werd Van Zijl in 1978 gevraagd als anchor van het *NOS Achtuurjournaal*. Het is het begin van een lange carrière.

'Het leukste van het *Achtuurjournaal* vond ik het dagelijkse presenteren. Ik houd van het nieuws. Voor achtergronden ben ik niet in de wieg gelegd. Ik ben van 1981 tot 1983 kortstondig eindredacteur van VARA's *Achter het Nieuws* geweest. Alleen de dag van de uitzending vond ik leuk. Op andere dagen werd er eindeloos nagekakeld en geouwehoerd. Ik was blij dat ik terug kon naar het dagelijkse nieuws. Ik kan ook geen teksten schrijven over iets dat pas over een paar weken speelt. Bij mij moet dat op het laatste moment. Ik heb die tijdsdruk nodig.'

Van Zijl maakte honderden live-uitzendingen. Maar wie denkt dat hij zijn commentaar wel even ter plekke uit de mouw schudde, heeft het mis. Als het even kon, ging Van Zijl voorafgaand aan een evenement op locatiebezoek. 'Je huiswerk doen is ontzettend belangrijk. Bij lange live-uitzendingen had ik meestal een stapel papieren met al dan niet losse, of gerubriceerde aantekeningen. De beginteksten bedacht ik van tevoren altijd al, het slot had ik meestal niet. Al die informatie komt van pas tijdens zo'n lange uitzending. De uitvaart van prinses Diana duurde van 's ochtends tien uur tot 's middags vijf. Ik was er de hele dag live bij. Als er onverhoeds stiltes vallen, kun je terugvallen op die informatie. Later werd NOS Actueel opgezet voor dit soort grote live-uitzendingen, in het begin deden we het met zijn drieën. Dan deed ik mijn eigen research.'

Dat doet hij ook steevast – 'ik geloof nu al bijna 32 jaar achter elkaar' – wanneer hij het traditionele *Nieuwjaarsconcert* in Wenen van commentaar voorziet. Goed voor een miljoen Nederlandse kijkers. Van Zijl verheugt zich telkens weer op het jaarlijkse reisje naar Oostenrijk. 'We vertrekken kort na de kerst naar Wenen. Er wordt dan al gerepeteerd door het Wiener Philharmoniker. Daar wil ik altijd graag bij zijn. Het blijft geweldig om een topdirigent met de orkestleden aan het werk te zien. Ik haal de dagen ervoor overal informatie vandaan. Ik praat met collega's van de Oostenrijkse televisie, de gastdirigent en verzamel zoveel mogelijk feiten die ik kan gebruiken tijdens de uitzending.'

'Nog wat te drinken, meneer Van Zijl?' De kelner komt langs. Het worden de garnalenkroketjes. 'Tijdens het *Achtuurjournaal* heb ik zoveel nieuwsgebeurtenissen voorbij zien komen, maar toch raakte me het niet overmatig. Ik kon dat goed scheiden. Werk is werk. Je eigen emoties behoren niet in het *Journaal* terecht te komen. Ik herinner me een campingbrand bij Barcelona. De beelden waren verschrikkelijk. Ik praatte daar altijd overheen met feiten. Natuurlijk beroerden zaken me ook wel. De oorlog in Rwanda bijvoorbeeld. Maar dan dacht ik nog eerder: Het wordt tijd dat ik weer eens wat aan de NOVIB geef.'

Leuke herinneringen zijn er ook: 'In december 1989 was er een officiële plechtigheid rondom de Berlijnse Muur,

die een paar weken daarvoor al gevallen was. We hadden bedacht dat de presentatie van het *Achtuurjournaal* live vanaf locatie zou komen. Ik ben na mijn uitzending door de chauffeur van het *Journaal* naar Berlijn gereden. We kwamen laat in de nacht aan. De volgende ochtend heb ik me gemeld bij de televisiewagens van de Duitse omroep ARD. Ik heb voor de NOS nog een stuk live-uitzending gedaan bij de Brandenburger Tor en Unter den Linden. 's Avonds zouden we bondskanselier Helmut Kohl interviewen. Totdat we vanuit Hilversum te horen kregen dat de Roemeense dictator Ceauçescu en zijn vrouw waren geëxecuteerd. Dat was groot nieuws; onze uitzending ging niet meer door. Konden we weer terug. Lachend: 'Dat soort dingen gebeurden ook. Dat je ergens voor jandoedel was.'

Van nervositeit had Van Zijl amper last. 'Ik had de zenuwen goed onder controle. Dat heb je, of heb je niet. Collega Maartje van Weegen, die ook nog korte tijd het *Achtuurjournaal* heeft gepresenteerd, zei altijd: "Joop, jij loopt altijd nog zo rustig vlak voor je begint." Maar niemand koopt er wat voor als je je gaat lopen opfokken. Dan raakt iedereen over de toeren, dat moet niet. Ik beende altijd nog even rond over de redactie. Maar je voelde altijd wel even vlinders in je buik, dat heb ik nu nog. Onlangs presenteerde ik de overdracht van Commandant der Strijdkrachten Peter van Uhm voor Omroep Max. Dan heb ik nog het meest last van spanning een dag van tevoren, als ik de teksten nog moet schrijven, de zaken op een rij moet zetten. Als dat klaar is, valt de spanning weg.'

Zijn bekendheid noemt hij op zulke momenten 'wel handig'. 'Er waren daar allerlei hotemetoten van het ministerie van Defensie. Sommigen kende ik nog uit mijn NOS-tijd. Zoals bewindsman Hans Hillen, ooit een uitstekend redacteur van het *NOS Journaal*, die nog presentatieteksten voor me heeft geschreven. Veel mensen herkennen mij, zeker de veteranen. Dat is wel makkelijk, ik sta zelden voor een gesloten deur.'

Het conflict in Noord-Ierland. Dat heeft Van Zijl altijd zeer verbaasd en tegelijkertijd gefascineerd. 'Ik vond het zo onbegrijpelijk dat katholieken en protestanten elkaar afslachtten, aanslagen pleegden. Dat heeft me wel getroffen. Ik ben na mijn *Journaal*-tijd nog eens met mijn vrouw naar Belfast gegaan; gewoon om te zien hoe het eruitziet. Dit was trouwens ook echt een conflict dat bijna niet uit te leggen viel aan de kijkers. Het werd al snel te complex.'

Dan liever de koninklijke verlovingen, huwelijken en geboorten: 'Ik was overal bij, jaren achter elkaar. Ik heb ik-weet-niet-hoeveel-weken geoefend met televisiedraaiboeken, voor het geval iemand van het Koninklijk Huis zou overlijden. Maar toen prins Claus overleed, was ik al met pensioen. Ik zou echt niet precies weten hoeveel programma's ik heb gepresenteerd. Toen ik 65 werd, – en AOW kreeg – heeft de NOS mij een concert van het jazzorkest van het Concertgebouw aangeboden. Het orkest waar ik een van de oprichters van ben. Dat werd een feestconcert genoemd, geen afscheidsconcert. Iedereen heeft mij toen gememoreerd, dat was prachtig.' Na zijn pensioen bleef Van Zijl nog veel programma's presenteren. Voor NOS-televisie en -radio, maar ook voor diverse muziekprogramma's. Tot op de dag van vandaag heeft hij het er druk mee. 'Ik heb mijn agenda niet bij me, maar hij is nog steeds gevuld. Uiteraard niet meer zo vol als vroeger, maar er komen nog steeds leuke opdrachten voorbij. De bloemencorso's voor Omroep Max, laatst heb ik nog iets gedaan voor de NTR en de KRO. Af en toe draaf ik nog wel eens op in *De Wereld Draait Door*, ook heel erg leuk. Laatst kwam ik daar prins Maurits tegen. Toen zei ik: "Ik heb je huwelijk nog verslagen." "Dat weet ik," zei hij.' Lachend: 'De koningin heeft me ook wel eens aangesproken: "Nou meneer Van Zijl, het heeft even geduurd voor we hier waren," hoorde ik achter me buiten een uitzending. Was het de majesteit.'

Van Zijl leest elke dag nog vier kranten, luistert 's ochtends naar de radio en kijkt om 12 uur naar het eerste *NOS Journaal*. 'Ik kijk echt niet naar alles, na een paar uitzendingen weet ik het wel. In de ochtend luister ik altijd naar Radio 1. Dan schakel ik naar Radio 4, met klassieke muziek of Radio 5, met de moppies uit mijn tijd, muziek van vroeger.'

Joop van Zijl voelt zich bevoorrecht. 'Ik heb het *Achtuurjournaal* bijna twintig jaar gedaan, het best bekeken nieuwsprogramma van Nederland. En jarenlang het gewaardeerde nieuwsprogramma *Met het Oog op Morgen* gepresenteerd. De live-uitzendingen van NOS Evenementen werden altijd zeer goed bekeken. Wat wil ik dan nog meer?' Wellicht nog vaker dubbelgevouwen op de achterbank van een auto een uitzending van commentaar voorzien, zoals vroeger? 'Als het maar live is, daar ben ik altijd voor te porren.'

Hoofdstuk 12

'Ik was als kind al absurd vroeg in nieuws en politiek geïnteresseerd'

Rob Trip (1960)

anchor 2010-heden

'Bekend-zijn is nooit mijn wezensding geweest, alsjeblieft zeg. Dat is absoluut niet de reden waarom ik dit werk doe. Integendeel. Ik heb wel eens een schrijfster horen zeggen: "Het is ook wel eens lekker dat je met een pak wc-papier gewoon de winkel uit loopt en dat niemand weet wie je bent." Dat kan ik niet meer. Ik ben nooit meer ergens anoniem. Dat vond ik in het begin wel een hoge prijs voor dit werk.' Een typerende uitspraak voor Rob Trip, nieuwsman in hart en nieren, maar bekende Nederlander tegen wil en dank. Hij stapt de vergaderzaal op de vijfde verdieping van het NOS-gebouw binnen met een witte plastic tas in de hand, iets later dan afgesproken. Energiek, fit, rustige blik in een vriendelijk gezicht. Excuseert zich: 'Sorry dat ik te laat ben, ik moest nog even Digitenne installeren bij mijn jongste zoon die net op kamers is gaan wonen. Mijn oudste zoon was al het huis uit.' Glimlachend: 'Verder weet ik trouwens niets van techniek, hoor! Als ik zie wat er op dat gebied allemaal komt kijken bij het maken van het *Achtuurjournaal*, dan duizelt het me wel eens. Ik houd me vooral bezig met de inhoud. Dat is maar beter ook, anders werd het niks.' Hij haalt twee cappuccino's. 'Helaas wel uit de automaat.' Als hij aan de tafel zit: 'Moet ik echt in dit boek? Ik werk er nog maar zo kort.'

Trip presenteert sinds 2010, afwisselend met Sacha de Boer, het *Achtuurjournaal*. Hij is nauw betrokken geweest bij de voorbereidingen van 'het nieuwe' *Journaal*. Het was de wens van de huidige hoofdredactie dat het *NOS Journaal* minder afstandelijk zou worden. Trip was daar een groot voorstander van. Lachend: 'Dat wordt dan door columnisten vertaald als een versimpeling van het nieuws. Wat absoluut niet zo is. Als voorbeeld werd Europa-correspondent Chris Ostendorf aangehaald, die het ineens over een huishoudboekje zou hebben, in plaats van over een begroting. Dat klopt niet eens, hij gebruikt dezelfde termen als voorheen. Het is wel zo dat we een ingewikkeld economisch of politiek probleem beter terugbrengen tot de kern.' Ook over het bijbehorende nieuwe decor is Trip enthousiast: 'Ik vind het heel dynamisch zo. En het is erg leuk om het *Journaal* in deze vorm te presenteren. Voor mij was het misschien wel het minst wennen. Ik heb voor andere programma's ook veel rondgelopen, terwijl ik presenteerde.' Spottend: 'Iedereen roept trouwens maar dat we zoveel lopen in het nieuwe decor, maar dat is helemaal niet zo. We lopen alleen aan het begin van de uitzending en bij het korte nieuwsblok halverwege de uitzending. En af en toe, als je iets moet toelichten, zet je een stap naar het grote scherm. Voor mijn gevoel wordt er amper gelopen. Onrustig? Welnee, daar is iedereen zo aan gewend.'

De doorgewinterde nieuwspresentator Trip volgde in 2010 Philip Freriks op: de anchor die zijn *Journaal*-kijkers graag verraste met elegant taalgebruik, een relativerende opmerking of een kwinkslag. Trip is juist wars van pompeus taalgebruik of 'grappige' bruggetjes. 'Ik ben zéker geen Philip Freriks. Ik vind dat ik het nieuws moet vertellen zoals ik in het dagelijks leven ook met iemand praat.' *What you see, is what you get*: dat is Rob Trip. Hij wordt door menigeen geroemd, als mens en als vakman. Professioneel, betrokken. Authentiek, bedeesd. Een man van de inhoud. Gereserveerd ook, volgens collega's die lang met hem hebben gewerkt. Iemand met wie je niet snel bevriend raakt. 'In een interview werd ooit over me geschreven dat ik geen vrienden zou hebben. Wat een onzin.' Een scherpzinnig interviewer die nooit de hakbijl zal hanteren. 'Daar houd ik niet van. Het mooiste is als je iemand subtiel met kritische vragen antwoorden ontlokt.' Dat deed hij geregeld als presentator van het actualiteitenprogramma *NOVA*, het discussieprogramma *Buitenhof* en bij het *Radio 1 Journaal*. Trips scherpe observatievermogen komt hem nu goed van pas. 'Het *Journaal* is geen interviewprogramma. Je hebt hooguit tijd om drie essentiële vragen te stellen, dus moet je wel goed weten wat er aan de hand is. Dat vind ik de uitdaging.'

Trip aarzelde geen seconde, toen hem eind 2009 werd gevraagd om de nieuwe presentator van het *Achtuurjournaal*, 'het vlaggenschip van het NOS-nieuws', te worden. 'Een bevoorrechte positie, zo zie ik dat absoluut. Het *Achtuurjournaal* presenteren doe je niet zomaar even. Het is ontzettend ingewikkeld. In die 25 minuten moet het allemaal gebeuren, dat is werken op de vierkante millimeter. Alles ligt vast. Alsof je met je auto op de snelweg zit. Zodra je met je pink te hard het stuur aanraakt, vlieg je uit de bocht.' Enthousiast: 'Maar dat maakt het ook vreselijk spannend. Ik vind het fantastisch om het nieuws van de dag 's avonds zo goed mogelijk uit te serveren aan de kijker. Ik verheug me nu alweer op de uitzending van vanavond.'

Een echte nieuwsjunk. Trip leeft, leest, consumeert het nieuws zodra hij zijn ogen opendoet. Elke ochtend gaat als eerste steevast het *Radio 1 Journaal* aan in huize Trip, dat staat in een Gelders dorp, onder de rook van Nijmegen. 'Lekker ver weg van het Hilversumse gedoe.' Aan de ontbijttafel leest hij *de Volkskrant* op de iPad, andere kranten volgen later op de dag. Glimlachend: 'Soms vind ik het wel eens bezwaarlijk voor mijn vrouw, maar ze weet niet beter, na al die jaren is ze er helemaal op ingesteld.'

Als het zijn presentatieweek is, doet hij dagelijks om 'tien over negen precies' vanuit huis via een *conference call* mee aan de redactievergadering van NOS Nieuws. 'Er hangen soms wel vijftien mensen aan de telefoon. De adjunct-hoofdredacteur, verschillende eindredacteuren van de radio-, televisie- en internetredactie, chefs van de 24 uursnieuwsafdeling, de binnen- en buitenlandredactie, het *Journaal op 3*. Dan wordt de lijst met onderwerpen doorgenomen voor die dag. Ik vind het wel lekker om alvast te horen wat er allemaal op stapel staat. Als ik een keer niet mee kan doen, raak ik een beetje van slag. Ik heb graag overzicht.'

Eenmaal in Hilversum trekt Trip vooral op met de eindredacteur van het *Achtuurjournaal*. 'Ik schurk de hele dag tegen hem aan, bemoei me met allerlei grote en kleine zaken die van belang zijn voor de uitzending. Voor mij is dat de enige manier om het gevoel te hebben dat het ook echt mijn *Journaal* is. Ik ben vanzelfsprekend niet elke minuut druk bezig. Maar ik wil overal van op de hoogte zijn. Ik lees alles, volg persconferenties als er groot nieuws is. Dat vind ik lekker. De kunst is dat ik als presentator díé vragen stel, waar de kijker ook een antwoord op wil.'

Zijn telefoon gaat, het is een redacteur van NOS Evenementen die bezig is met de voorbereidingen voor de liveuitzending van de landing van de Nederlandse astronaut André Kuipers. 'Wat fantastisch, ik ben heel benieuwd

naar de beelden. Spreek je straks.' Enthousiast: 'We hebben André Kuipers gevraagd om videobeelden te maken binnen in het ruimtestation. Volgens de redacteur zijn die beelden erg indrukwekkend. Dat wordt een spannende uitzending.' Vervolgt: 'Dat vind ik nou zo geweldig. Die combinatie. Het is een enorme luxe. Ik presenteer de ene week zes dagen het *Achtuurjournaal* en dat doe ik met volle liefde. De andere week werk ik onder meer voor NOS Evenementen. Dan presenteer ik om de zoveel tijd grote live-uitzendingen, die soms krankzinnig lang zijn. Net als bij de radio moet je dan veel improviseren. Dat vind ik het leukst.'

Trip, de jongste van drie kinderen, werd op 9 maart 1960 geboren in Haarlem. Zijn vader was de rechterhand van een van de topmensen van C&A op het internationale hoofdkantoor. Een liberaal-katholiek milieu, waar dagblad *De Telegraaf* elke dag op deurmat viel. Later abonneerde de familie Trip zich 'op mijn speciale verzoek, ik was 12' ook op *de Volkskrant*. 'Ik was als kind al absurd vroeg in nieuws en politiek geïnteresseerd. Ik wilde alles weten. Toen ik in de vierde klas van de lagere school zat, werd onze school tijdens verkiezingen ingericht als stembureau. Ik wilde precies weten waar de afkortingen van de politieke partijen voor stonden.'

De jonge Trip had zijn geëngageerdheid niet van een vreemde. Zijn oom was Boy Trip, die namens de progressieve partij PPR minister van Wetenschapsbeleid in het kabinet-Den Uyl was. Lachend: 'De PPR moest ook een minister hebben. Dat werd dus mijn oom Boy. Hij was de enige minister zonder academische titel. Uitgerekend hij kreeg de portefeuille Wetenschapsbeleid. Mijn vader en oom waren politieke tegenpolen. Oom Boy was trots op de PPR, voor mijn vader stond die partij voor alles waar hij volslagen tegen was. Ik ben opgegroeid tussen verhitte discussies op de zondagmiddag.' Het was dezelfde oom Boy die Trip later inspireerde om politicologie te gaan studeren. In een geëngageerd huishouden als dat van de familie Trip, werd natuurlijk elke avond naar het *NOS Journaal* gekeken. 'Joop van Zijl is de eerste anchor die ik me echt herinner. Mijn ouders namen nooit de telefoon op tijdens het *Achtuurjournaal*. Of juist wel, om iemand een reprimande te geven. Om die tijd bellen, was een absolute diskwalificatie van degene die dat deed. Wij werden ook geacht om niet door het *Journaal* heen te praten.'

Per toeval rolde Trip de journalistiek in. Via Omroep Gelderland 'die me de kans gaven iets te gaan presenteren', en *Veronica Nieuwsradio*, klom Trip steeds verder op naar de hogere rangen van de Nederlandse radiojournalistiek. Midden dertig is hij, wanneer hem wordt gevraagd om het actualiteitenprogramma *NOVA* te gaan presenteren. Hij zwicht voor de televisie, 'een wereld van praatjesmakers en misplaatste dikdoenerij' zoals hij het zelf eens noemde.

Het gaat Trip voor de wind. Fijn huwelijk, twee gezonde zoons, nooit om werk verlegen. Een zondagskind. Tot die ene dag in maart 2001. 'Ik bleek een heel zwaar herseninfarct te hebben gehad. Een sinustrombose, een bloedpropje in de hersenen.' Nu, tien jaar later en volledig hersteld, wil Trip er liever niet meer uitgebreid bij stilstaan. 'Dat is geweest. Het gaat nu heel goed. Ik slik nog dagelijks bloedverdunners, maar verder merk ik er niet zoveel meer van.' Als ambassadeur van de Hersenstichting reikt hij jaarlijks de Hersenbokaal uit aan een bedrijf dat extra moeite doet om een werknemer met een hersenaandoening in dienst te houden. 'Als ik sommige mensen zie, realiseer ik me hoe het had kúnnen zijn. Als ik me probeer voor te stellen hoe het allemaal voor mijn gezin is geweest, lijkt me dat het ergste wat je kan overkomen. Dan kun je het misschien nog maar beter zelf hebben.' Iets opgewekter: 'We hebben er met elkaar veel over gesproken en zijn er goed doorheen gekomen. Daarom speelt het nu ook geen rol van belang meer. Dit is deel van onze familiegeschiedenis.'

De band met zijn vrouw is na zijn ziekte alleen maar sterker geworden. 'Ze is de enige naar wie ik echt luister. Zij kent mij het best.' Zijn vrouw is ook degene die goed oplet hoe Trip op de buis overkomt. Een paar dagen na de eerste uitzendingen van het *Achtuurjournaal* in het nieuwe decor sms'te ze: 'Geen fouten.' Lachend: 'Ik hang altijd op mijn stoel. Ik heb er in het begin ontzettend aan moeten wennen dat ik rechtop moest zitten tijdens het presenteren. Daar hoorde ik thuis altijd wat over. Toen ik nog zat en van opzij te zien was, zaten mijn broekspijpen altijd te ver omhoog volgens haar.' Hard lachend: 'Daar had ze echt een hekel aan. Dat zat dan wel in mijn hoofd. Als ik het weerbericht moest aankondigen en ik van opzij te zien was, trok ik nog een keer extra aan mijn broek. De styliste van de NOS zei laatst: "Je moet witte overhemden gaan dragen, dat doet Obama ook." Ik ben dan wel benieuwd of mijn vrouw dat ook mooi vindt.'

Rob Trip werkte nog niet zo lang bij het *Journaal*, toen een 24-jarige man in een winkelcentrum in Alphen aan de Rijn wild om zich heen begon te schieten. Zes mensen overleden, 17 mensen raakten gewond. Ongekend tot dan toe in Nederland. 'Dat raakt je natuurlijk, zeker als je de eerste beelden ziet. Je kan alleen niet meehuilen, dat gaat niet als presentator. De eerste melding kwam op zaterdagmiddag 9 april, iets voor enen. Een paar minuten later gingen we live de zender op, ik heb tot zes uur 's avonds

aan een stuk door gepresenteerd. Het was voor het eerst dat ik zo lang achter elkaar in beeld was. Het enige waar je op dat moment mee bezig bent is: wat komt na dit gesprek? Wat ga ik nu zeggen? Komt dit wel goed? Bij de radio kun je van alles van papier lezen, gebaren naar de regisseur. Bij televisie kan dat niet. Je moet er op vertrouwen dat de eindredacteur aan de andere kant van de ruit telkens weer met wat anders komt. Ik had geen computer bij de hand, daar was ik nog veel te onhandig mee. Ik ben echt in het diepe gesprongen. Met televisie-uitzendingen van dat kaliber sta je er uiteindelijk toch alleen voor. Je moet het doen met de mensen die je kunt vertrouwen.'

Een paar dagen na het interview: de Nederlandse astronaut André Kuipers is succesvol geland vanuit de ruimte. Rob Trip heeft er een urenlange live-uitzending op zitten voor de NOS, vanuit Space Expo in Noordwijk. Vanuit de auto, op weg naar huis klinkt buitengewoon enthousiast: 'Dit was nou zo'n uitzending die je je hele leven onthoudt. Het was spectaculair, een primeur op de Nederlandse televisie. Dat je zo'n landing van begin tot eind kunt laten zien, dat is toch fantastisch.'

Op 1 juli 2012, rond 10.15 uur 's ochtends, na een halfjaar verblijf in de ruimte landde astronaut Kuipers op de steppe van Kazachstan. 'Wij hadden geluk dat de Sojoezcapsule bijna precies terechtkwam op de beoogde landingsplek. De camera's stonden er bovenop. De videorondleiding die hij had gemaakt door het ruimtestation ISS was inderdaad geweldig. Je zag alles: de andere twee astronauten Oleg Kononenko en Don Pettit, de "keuken", de fitnessruimte, de slaapcabine. Hij liet ook zien hoe de capsule, waarmee hij terug naar de aarde moest, er van binnen uitzag. Een hele krappe ruimte waar je amper in komt. Je zag nu echt waar hij vandaan kwam. Dat had ik nog nooit zo gezien. Het was zó spannend. Het duurde vrij lang voordat André Kuipers uit de capsule kwam. Dan houd je wel even je adem in, want we hadden uiteraard ook draaiboeken klaarliggen voor het geval dat het mis zou gaan. Daar had ik me natuurlijk ook op voorbereid, dat zo'n uitzending minder vrolijk eindigt. De vreugde bij zijn broers vond ik ook een mooi moment.' Hij lacht: 'En die brede lach van André Kuipers toen hij uiteindelijk uit de capsule werd getild, geweldig. Hij was nog het fitst van de drie astronauten. Hij zwaaide en ging direct telefoneren met zijn vrouw. Ik hoorde pas later dat hij alleen maar zei: "Hoi schat, ik ben er!"'

Onvergetelijke historische momenten: Rob Trip maakte er in al die jaren heel wat mee. Toch: 'Maar ik heb niemand beloofd dat ik het *NOS Journaal* tot mijn pensioen blijf presenteren. Ik zie wel.'

Colofon

De iconen van het NOS Achtuurjournaal van Babs Assink met foto's van Stefan Heijdendael werd in opdracht van uitgeverij Conserve te Schoorl gezet door BeCo DTP-Productions te Epe in de Sabon corps 10,5/13 punts en gedrukt door drukkerij Bariet in Steenwijk.
Vormgeving: Jeroen Klaver, Shamrock International en Borinka
Foto omslag, binnenwerk en foto auteur: Stefan Heijdendael
Foto fotograaf: Sacha de Boer

1e druk: september 2012

Uitgeverij Conserve

Postbus 74, 1870 AB Schoorl
E-mail: info@conserve.nl
Website: www.conserve.nl

Lees ook bij Conserve:

Philip Freriks
De meridiaan van Parijs

6e druk
ISBN 978 90 5429 167 1 – € 17,50